세상을 보는 지식

재미있게 보는 세계, 한국에서 시작되다

세상을 보는 지식

초판 1쇄 발행 2024년 1월 10일

저자   하두진

펴낸곳   마인더브
주소   서울시 광진구 아차산로 375(B1, 105호)
전화   02-2285-3999
팩스   02-6442-0645
이메일   kyoungwonbooks@gmail.com
ISBN   979-11-93280-04-1 (03320)
정가   19,800원

재미있게 보는 세계, 한국에서 시작되다

세상을 보는 지식

마인더브

저의 첫 번째 책인 《알아야 보인다》가 나오고 어느덧 1년이라는 시간이 흘렀습니다. 요즘 세간에는 '융복합'이라는 단어가 자주 등장합니다. 하지만 뭔가 추상적인 단어라서, 듣기에는 그럴듯해도 막상 실천해보려 하면 도대체 어떻게 해야 할지 막막하게 느껴지는 경우가 적지 않았을 것입니다. 비단 이 단어뿐만 아니라 추상적인 개념을 두고 지식과 실천 사이의 괴리를 느낀 분들이 적지 않으리라 생각합니다.

이 책은 다양한 분야의 실제 사례를 통해 추상적인 개념들을 구체적으로 전달함으로써, 독자들께서 본인의 경험과 전문성을 융합하여 격변하는 세상에서 더욱 유리한 위치에 설 수 있도록 도와주기 위해 쓰였습니다.

이 책은 다양한 직업 환경과 일반적인 삶의 도전들을 탐구하고, 어떻게 이러한 어려움을 극복하고 강력한 직업 경쟁력을 개발할 수 있는지에 대한 통찰을 제공합니다. 융합적인 사고와 다양한 분야에 대한 지식을 키워나가는 방법, 그리고 자신의 강점을 부각시키는 노하우 등을 통해, 여러분이 자신의 잠재력을 최대한 발휘할 수 있도록 돕는 것이 이 책의 주된 목적입니다.

이 책을 통해, 여러분들이 자신의 전문 분야를 넘어서 다른 분야의 사람들에게 먼저 손을 내밀어 함께 무언가를 창조해내는 능력을 키우고, 미래 사회에서 요구되는 다양한 문제들을 해결하는 데 필요한 통찰력과 기술을 개발하는 데 도움이 되었으면 합니다. 어쩌면 주변 모두가 한 번쯤 지나갔던 길일 수도 있고, 어쩌면 현재진행형으로 마주하고 있는 상황일 수도 있습니다. 그 과정을 조금이나마 덜 힘들게, 조금 더 효율적으로 지나가실 수 있으면 좋겠습니다.

2023년 12월

하두진

목차

1장

국제시장 대격변

2023 다보스포럼

2023년 1월 다보스포럼 WEF 연차총회에서는 전 세계에 산적한 위기에 대한 우려가 쏟아지며, 자연스럽게 '다중위기 Polycrisis'라는 키워드가 떠올랐습니다. '분열된 세계에서의 협력'을 주제로 개막한 이번 포럼에서 가장 널리 회자된 단어였죠. 미국과 중국 사이의 무역전쟁이 촉발한 보호무역주의와 탈세계화 흐름, 러시아의 우크라이나 침공,

세계 경제성장의 둔화, 에너지 및 식량 가격 상승, 기후변화 위기에 이르기까지 전 세계에서 각종 위기가 동시다발적이고 중복적으로 일어나고 있는 현재 상황을 표현하는 단어입니다. 포럼에서는 현재 발생하는 갖가지 유형의 충격이 지극히 이례적이고 급박한 상황이며, 이를 극복하기 위해서는 보다 광범위한 협력과 다자주의가 그 어느 때보다 절실하다는 점을 강조했습니다.

이번 포럼은 우리나라 대통령을 포함하여 역대 가장 많은 2,700여 명이 참석했습니다. 그러나 정작 이러한 문제를 가장 적극적으로 고민해야 할 주요 정상들이 대거 불참했습니다. 조 바이든 미국 대통령과 시진핑 중국 국가주석, 기시다 후미오 일본 총리, 에마뉘엘 마크롱 프랑스 대통령, 리시 수낵 영국 총리, 조르자 멜로니 이탈리아 총리, 쥐스탱 트뤼도 캐나다 총리 등이 참석하지 않았고, 주요 7개국 G7 정상 가운데는 올라프 숄츠 독일 총리만 참석했죠. 다보스포럼의 핵심 모토가 세계화인데 주요 정상의 불참으로 행사 자체의 의미가 퇴색되었다는 지적이 제기되었고 적실성 Relevance 이 사라지고 있다는 평가가 내려졌습니다. 문제는 산적해 있는데 주요국들은 협력보다는 국익을 따르는 행보를 보인 거죠. 결국, 위기에 대한 공감대만 인정했을 뿐, 아무런 대안을 내놓지 못한 반쪽짜리 행사가 되고 말았습니다.

먹구름 낀 국제경제

세계은행은 2023년 초 세계성장률 전망을 3.0%에서 1.7%로 큰 폭으로 하향 조정하고 침체위기에 대해 경고했습니다. 이는 최근 30년간 세 번째로 낮은 전망치입니다. 데이비드 맬패스 세계은행 총재는 "개발도상국은 막대한 채무 부담과 투자 위축 때문에 수년간 저성장에 직면해 있고, 선진국은 매우 높은 수준의 국가부채와 금리 인상을 마주한 상태에서 세계 자본을 빨아들이고 있다"고 지적했죠. 미국과 유로존 유로화를 사용하는 20개 국가 그리고 중국 경제가 모두 취약한 상태이며, 이들 경제의 파급 효과가 개발도상국이 직면한 어려움을 더 심화시키는 모양새입니다. 게다가 주식과 부동산 등의 자산 가격이 동반하락하고, 투자가 크게 위축됐으며, 다수 국가에서 주택시장이 매우 빠르게 악화하는 현상도 보입니다.

이러한 현상은 인플레와 기준금리의 어마어마한 상승을 불러오며, 그렇게 돈을 찍어내다 보니 화폐가치 또한 급격히 하락하게 됩니다. 늘어나는 국가부채를 감당할 능력이 안 되면, 세계은행에서 돈을 빌려오든가 IMF 긴급 구제금융을 신청해야 하죠. 최악의 경우에는 국가가 파산하게 됩니다. 실제로 스리랑카는 2022년 7월 물가가 67% 급등해 부도 선언을 했고, 베네수엘라는 인플레가 170만%로 하늘을 뚫었으며, 아르헨티나는 소비자 물가가 2022년 1월 50.7%에서 6월 64%로 상승해 축구 영웅 리오넬 메시가 사람들을 격려하는 대국민 메시지를 내놓기까지 했었죠.

더 심각한 문제는 이런 흐름이 단순히 몇몇 국가의 사례로 그치는 것이 아니라, 대규모로 확산될 조짐을 보인다는 점입니다.

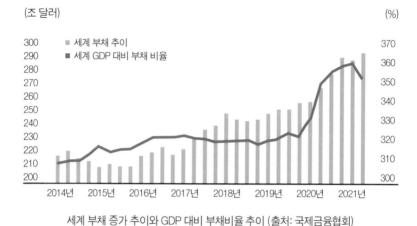

(조 달러)   (%)

세계 부채 증가 추이와 GDP 대비 부채비율 추이 (출처: 국제금융협회)

　국제금융협회의 보고서 〈세계 부채 모니터〉의 자료를 참조하면, 세계 부채는 2014년부터 꾸준히 증가하다가 2020년부터 폭발적으로 증가하고 있다는 걸 알 수 있습니다. 글로벌 신용평가회사인 스탠더드앤 푸어스 S&P 는 2023년 전 세계 부채가 세계 GDP의 약 350%를 넘어섰고 2030년에는 400%에 육박할 수 있다는 전망을 내놓았습니다.

　여러 이유가 있겠지만, 코로나19의 영향이 큽니다. 많은 국가가 멈춰버린 공급망과 경제를 돌리기 위해 돈을 찍어내고 복지정책을 펼쳤습니다. 국가 재정을 많이 쓰고, 더 많은 민간 기업과 가계에 제로금리로 대출을 내주어 경기 부양을 시도했습니다. 정부 부채든 민간 부채든 모든 방법을 동원해 경제 성장을 유지한 거죠. 그 결과 원래 망해도 이상하지 않았을 기업들이 빚을 통해 살아남아 좀비기업이 되었습니다. 이들은 자생 능력이 없어 결국 빌린 돈의 이자조차 갚지 못하는 상황에 처했습니다. 특히 2021년과 2022년은 NFT와 메타버스 열풍이 붙었고, 본래는 능력이 없어 사라질 기업들이 대출로 억지로 연명해 가던 와중에 우크라이나—러시아 전쟁까지 발발하는 바람에 공급망이 붕괴되어 사태는 더욱 악화되고 말았습니다.

돈을 뿌리는 방법은 머지않아 엄청난 인플레이션을 불러오기에 무한정 지속할 수 없습니다. 빌렸던 원금과 이자를 갚아야 하는 시기가 찾아옵니다. 모든 것을 제자리로 되돌리기 위해서 시장에 풀리는 돈을 줄이는 긴축과, 이자를 높여 회수율을 높이고 추가 대출을 억제하는 금리 인상을 정책으로 채택하게 됩니다. 금리가 인상되면 기존에 돈을 빌렸던 기업과 가계의 부담이 급격히 올라갑니다. 그러면 어떻게든 허리띠를 졸라매야 하니 소비가 줄어들게 되고, 결국 경제가 쪼그라듭니다. 2021년과 2022년에 억지로 부풀린 경제정책에 대한 반작용인 셈이죠. 미국도 '빅 스텝', '자이언트 스텝' 같은 용어를 쓰며 금리를 여러 차례 큰 폭으로 올렸습니다. 매우 고통스럽지만, 이렇게 해야만 무한히 상승하는 인플레이션을 잡을 수 있습니다.

이런 상황에서 가장 어려움에 처한 나라는 바로 개도국입니다. 이들이 돈을 빌릴 때는 주로 미국의 달러나 중국의 인민폐로 빌려옵니다. 금리가 높은 현지 통화로 빌리는 것보다 이율이 낮아 경제적이기 때문입니다. 하지만 2022년 발생한 전쟁으로 공급망이 붕괴돼 무역적자가 발생했고, 끝없는 복지정책 남발로 자국 화폐가치가 하락하는 인플레이션이 발생할 경우, 이들이 감당해야 할 외채는 환율의 변동에 따라 기하급수적으로 증가하게 됩니다. 그러다 보유하고 있는 외화가 거덜나기라도 하면 빚을 갚을 길이 없는 채무불이행 상태에 처하는 거죠. 채무불이행이 일어나면 외국인 투자자가 썰물처럼 빠져나가고, 국가신용도가 하락해 파산 가능성이 급증합니다. 연쇄적인 악순환에 빠지는 겁니다. 어느 한 국가든 세계 전체든 언제나 중간이 가장 중요합니다. 중산층이나 개도국이 탄탄해야 경제가 안정적으로 지탱되는 법이죠. 하지만 최근 몇 년간 발생한 여러 사태로 개도국이 심각한 어려움에 직면하면서 세계 경제 전체가 큰 위기에 봉착했습니다. 국제통화기금 IMF 과 경제협력개발기구 OECD 는 저소득 개발도상국의 60%가 부채위기에 이미 빠져 있거나 앞으로 빠질 위험이 크다고 우려하고 있습니다.

1945년 2차 세계대전이 종결된 후 약 80년간 세계는 서로 의지하고 협력하면서 번영을 누렸습니다. 하지만 그 공급망이 붕괴되자 세계는 순식간에 어려움에 처하고 말았습니다. 사상누각이라는 표현이 적절하다고 할 정도입니다.

이러한 세계 정세 속에서 우리나라는 어떤 상황에 처해 있을까요?

추락하는 한국 경제

국가가 성장하기 위해서는 크게 네 가지 요소 국토, 자원, 인구, 기술력 가 필요합니다. 우리나라는 국토가 작은 편이라 내수시장이 부실하고, 자원은 거의 없으며, 인구는 전 세계에서 가장 빠르게 줄어들고 있습니다. 오직 기술력 하나만으로 선진국 반열에 오른 나라가 바로 우리나라입니다. 해외에서 싼값으로 자원을 구입한 다음, 높은 기술력을 바탕으로 질 좋은 제품을 생산합니다. 그리고 이것을 해외시장에 판매합니다. 이처럼 자연스럽게 수출주도형 모델이 형성되었습니다.

하지만 글로벌 공급망이 붕괴되자 수출주도형 모델이 큰 타격을 받고 있습니다. 우리나라의 최대 수출국은 예나 지금이나 중국입니다. 하지만 고고도 미사일방어체계 사드, THAAD 설치로 한차례 홍역을 치른 바 있었죠. 최근엔 우크라이나—러시아 전쟁에서 한국은 친미, 중국은 친러 성향을 보인 데다, 미국이 한국에 Chip4 동맹을 제안하여 중국을 함께 압박하자는 메시지를 보내오면서 한중관계는 계속 악화되는 모습을 보이고 있습니다. 최대 무역국인 중국과의 관계가 소원해지자 무역수지는 곧 마이너스로 곤두박질치게 되었죠.

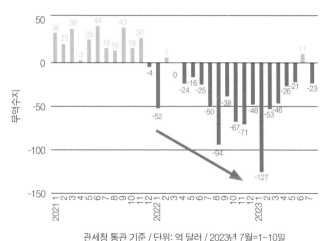

관세청 통관 기준 / 단위: 억 달러 / 2023년 7월=1~10일

월간 무역수지 추이 (출처: 관세청)

한국 경제를 이끄는 수출과 수입이 크게 흔들리고 있습니다. 주축을 이뤘던 반도체 등 고부가가치 품목의 수출도 감소하고 있고요. 정부 부문 지출로 간간히 버티던 경제는 고물가·고금리의 영향으로 민간소비까지 감소하자 더더욱 어려워집니다.

안 좋은 소식이 또 있습니다. 2021년 8월부터 이어진 금리 인상의 여파로 2022년 우리나라 가계의 총부채원리금상환비율 DSR 이 전 세계 주요국 가운데 호주에 이어 두 번째로 높다는 결과가 나왔습니다. 비록 2023년 한국은행이 기준금리를 네 번 연속 동결했지만, 가계부채가 다시 증가세로 전환하면서 가계 빚 부담은 더 커질 것으로 보입니다. 게다가 가계 빚 증가속도 역시 주요국 가운데 두 번째로 빠르다는 충격적인 결과가 나왔습니다. 심지어 이조차 낙관적인 해석이고 우리나라에만 있는 전세보증금이라는 가계대출을 넣는다면 GDP 대비 가계대출 비율은 OECD 31개국 중 1위라고 볼 수 있습니다.

김회재 의원실이 발표한 자료에 따르면 2022년 3월 말 기준 총부채원리금상환비율이 70% 이상인 자영업 가구는 38만 8,387가구에 달한다고 합니다. 자영업자 가운데 약 39만 명이 소득의 70%를 대출과 이자 비용으로 사용하고 있는 거죠. 더구나 대출을 받은 자영업자 가운데 다중채무자 비율이 56.4%에 달합니다. 두 명 가운데 한 명은 빚으로 빚을 갚고 있다는 소리입니다. 가계부채가 늘어나면 당장의 소비를 잠깐 늘려주는 긍정적 효과는 있을 수 있으나, 임계치를 넘은 상승은 채무불이행으로 빠지기 때문에 가계부채의 과도한 확대는 성장세를 막고 자산 불평등이 확대되는 등 부정적인 결과를 야기하게 됩니다. 우리나라 정부도 2023년 2월 한국 경제의 둔화에 대해 '우려'가 아닌 '시작'이라는 표현을 사용해 본격적으로 경각심을 일깨웠습니다.

국내총생산(GDP) 규모(6월 1일 기준),
시장환율 적용

미국 　　　　25조 4,627억 달러
중국 　　　17조 8,760억
일본 4조 2,256억
독일 4조 752억
영국 3조 798억
인도 3조 96억
프랑스 2조 7,791억
캐나다 2조 1,436억
러시아 2조 503억
이탈리아 2조 105억
...
한국 1조 6,733억

세계 경제 규모 순위
(출처: 한국은행)

기관	기준 전망치(%)	수정 전망치(%)
국제통화기금 (IMF)	1.7(23년 1월)	1.5(23년 4월)
경제협력개발기구 (OECD)	1.8(22년 11월)	1.6(23년 3월)
한국은행	1.7(22년 11월)	1.6(23년 2월)
스탠더드앤푸어스 (S&P)	1.4(22년 12월)	1.1(23년 5월)
한국개발연구원 (KDI)	1.8(23년 2월)	1.5(23년 5월)

주요 기관 한국 경제성장률 전망치 변경
(출처: 각 연구기관 및 부처)

　　이런 추세가 이어지면서 2023년 초 우리나라의 경제성장률은 25년 만에 일본보다 낮아졌고, 글로벌 경제 규모 톱 10에서 13위로 밀려났습니다. 2022년부터 세계 각국이 다양한 이유로 경제적 위기에 처했지만 대부분 자신의 자리를 유지한 것에 반해, 우리나라는 세 계단이나 미끄러진 거죠. 그 자리는 러시아가 차지했습니다. 수많은 국제제재를 받아온 러시아가 반등하고 우리나라는 오히려 떨어지다니 참 아이러니한 일입니다.

　　IMF는 2023년 세계 경제 전망을 발표하면서 주요 국가들의 성장률 전망치는 상향 조정했지만, 한국의 전망치는 1.7%에서 1.5%로 하향 조정했습니다. 심지어 아시아·태평양 지역 내 국제기구인 아시아개발은행 ADB 은 2023년 7월 한국의 성장률을 기존 1.5%에서 1.3%으로 하향하고 아시아 지역에서 꼴찌 수준이라는 평가를 내렸습니다.

성장률 하향의 원인은 수출로 먹고사는 우리나라가 중국뿐만 아니라 미국, 일본, 러시아 등 여러 국가에 대한 수출입이 모두 급감하였기 때문입니다. 또 다른 원인은 원화 가치의 하락 때문입니다. 비록 원화 기준 명목 GDP는 소폭 늘었지만, 달러의 강세로 달러 대비 원화 가치는 12.9%나 하락했습니다. 반면 자원 부유국인 러시아는 자원과 곡물 인플레가 호기로 작용했으며, 브라질 11위과 호주 12위 역시 원자재 가격 상승에 힘입어 통화가치 방어에 성공해 반등했죠..

2023년 연내 10위권 경제 대국 재진입은 매우 어려울 것으로 보입니다. 뿐만 아니라 통계청이 발표한 동행지수 순환변동치에 따르면 경기 순환주기가 2022년 10월 정점을 찍고 수축 국면에 접어든 것으로 판단할 수 있습니다. 그 이전 열한 번의 순환주기를 참조하면 수축 국면이 나타나면 평균 20개월 지속됩니다. 이 책이 출간된 시점을 기준으로 보더라도 아직 수개월이나 남은 셈입니다. 수출, 소비, 투자 등 모든 경제지표가 좋지 않으며, 특히 우리나라를 지탱하는 제조업 경기가 심각한 수준입니다. 중장기적 지표인 잠재성장률 역시 계속 하락해 2%에서 1% 후반대로 진입하고 말았습니다. 그나마 산업통상자원부의 발표에 의하면 2023년 8월 기준 무역수지가 3개월 연속 흑자를 이어가고 있다는 긍정적인 소식이 있지만, 이 역시 자세히 살펴보면 단순히 수출보다 수입이 더 줄어든 불황형 성장입니다. 음식과 숙박 같은 민간소비가 줄었고, 건설과 설비투자, 토목건설, 건강보험급여 등 모두가 줄었습니다. 수출과 수입 모두 줄었지만, 국제 에너지 가격 하락 등의 영향으로 수입 감소량이 수출 감소량보다 조금 더 높았기에 흑자로 보이는 것일 뿐이죠. 우리의 노력으로 개선한 것이 아니라 대외적인 영향으로 나타난 일시적인 현상이기에 분위기는 여전히 좋지 않습니다. 극적 전환이 필요한 시점입니다. 이 문제를 어떻게 해결해야 할까요?

우리의 장점을 찾아서

어려운 상황을 전환하기 위해서는 우리만의 장점을 강화해야 합니다. 남보다 높은 고부가가치의 활성화, 즉 기술주권의 확보에 주력해야 합니다. 특히 방산과 문화를 중심으로 이야기해보겠습니다.

방산

2022년 러시아의 우크라이나 침공으로 세계는 냉전 가운데서도 언제든지 열전이 일어날 수 있다는 사실을 자각하게 되었습니다. 자연히 자국 방위에 더 힘쓰고 있죠. 당사자인 우크라이나는 단번에 2022년 무기 수입국 세계 3위가 되었습니다. 우크라이나뿐만이 아닙니다. 유럽 전체 무기 수입 규모가 2배가량 증가하였으며, 유럽을 넘어 전 세계 군비 지출량이 역대 최고액을 갱신했습니다.

이 와중에 두각을 나타낸 것이 바로 우리나라의 방산입니다. 2023년 3월 스톡홀름국제평화연구소 SIPRI 의 보고서를 참조하면 지난 5년간 한국의 무기수출 규모는 약 177% 증가했으며, 2022년 전 세계 방산 수출 시장 8위의 점유율을 기록했습니다. 어찌나 호황인지 2023년 3월 한국이 우크라이나 전쟁 국면에서 무기 판매 분야 최대 수혜국 중 하나로 떠올랐다고 《뉴욕타임스》가 전격 보도했을 정도입니다.

WORLD MILITARY EXPENDITURE, BY REGION, 1988-2021

Source: Stockholm International Peace Research Institute

- Middle East
- Europe
- Asia & Oceania
- Americas
- Africa

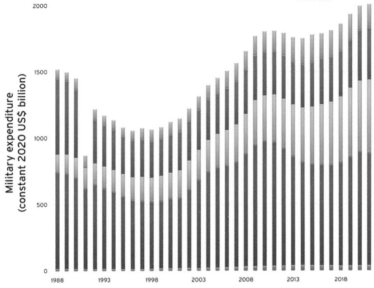

지역별 세계 군비 지출(1988~2021년) (출처: SIPRI)

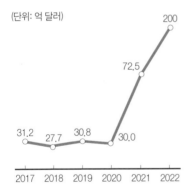

(단위: 억 달러)

2017	2018	2019	2020	2021	2022
31.2	27.7	30.8	30.0	72.5	200

수주 기준, 2022년은 목표치

1	미국	14%
2	러시아	-26%
3	프랑스	59%
4	중국	-31%
5	독일	-19%
6	이탈리아	16%
7	영국	-41%
8	한국	177%
9	스페인	10%
10	이스라엘	-5.6%

2017~2021년 수치로 과거 5년(2012~2016년) 대비
순위는 세계방산시장 수출 점유율순

한국 방산 수출 규모 및 세계 방산 수출 증가율 (출처: 방산업계, SIPRI)

유럽에는 오랜 역사를 가진 거대 방산업체가 다수 존재하는데. 매우 보수적입니다. 심지어 미국제 무기마저 유럽 시장에선 종종 배척당할 정도입니다. 냉전 초기 미국은 2차 세계대전으로 산업 기반이 망가진 유럽 각국에 잉여 무기를 공여해 일찌감치 방산시장 지배를 기획했습니다. 그럼에도 유럽 각국은 성능과 신뢰성이 다소 떨어지고 값이 더 비쌀지언정 유럽산 무기를 고집하며 독자적인 생태계를 유지했죠. 이처럼 높은 진입장벽을 가진 시장에 진출하려면 사실상 두 가지 방법밖에는 없습니다. 북대서양조약기구 NATO 에서 강력한 영향력을 행사하는 미국 정도의 위상을 갖추거나, 실전에서 성능과 신뢰성이 검증된 최정상급 무기라고 인정받는 것입니다. 고작 30~40년 역사를 가진 한국 방위산업이 이런 조건을 갖춰 유럽 시장을 공략한다는 것은 과거에는 꿈같은 이야기에 불과했습니다.

하지만 우리나라는 과거 미국과 구소련의 냉전 종식 후 군대와 무기 생산 능력을 축소한 유럽을 포함한 미국의 동맹국들과 달리, 자국 군대의 수요를 맞추고 북한의 위협을 방어하기 위해 높은 기술력과 가성비, 검증된 실전 능력, 강력한 방산 공급망을 유지해왔습니다. 실제로 2022년 폴란드와 맺은 계약을 살펴보면, K2 탱크와 K9 자주포는 우리나라에서의 배송뿐만 아니라 기술 이전을 통해 일부를 폴란드 내에서 현지 생산으로 진행함으로써 공급 측면에서 대단히 유연한 모습을 보여주었습니다.

우리나라는 한국전쟁 이후 지금까지도 여전히 '전시'인 나라입니다. 단지 싸움을 잠시 멈춘 휴전 상태일 뿐이죠. 그리고 북한은 매해 끊임없이 미사일 도발을 지속하고 있습니다. 자국 보호를 위해 우리나라의 방위산업은 연구를 거듭해왔고, 그동안 축적된 기술력은 이제 세계를 만족시키기 충분한 수준까지 도달했습니다. 이러한 배경하에 러시아의 갑작스러운 우크라이나 침공 이후 미국 등 세계의 무기 공급업체가 심각한 생산 부족에 직면했을 때, 기존 방산 강대국인 독일을 제치고 '메이드 인 코리아 Made in Korea'가 무기 구매국들의 대안으로 거론된 거죠.

이번 호황은 북한이 바로 우리와 국경을 맞닿고 있다는 지정학적 특징이 작용한 결과입니다. 만약 2022년에 일어난 전쟁이 '우크라이나—러시아'가 아닌 '남한—북한'의 대결이었다면 지금 방산 호황을 누리고 있는 나라는 우크라이나이고, 한국이 최대 무기 수입국이 되었을지도 모릅니다. 변화는 위기와 기회를 동시에 가져옵니다. 어떻게 위기를 줄이고 기회로 전환할 것인가를 고민해야 합니다. 전쟁으로 인한 호황은 언제까지나 이어지지는 않습니다. 우리가 보유한 방산기술을 우주산업과 같은 타 분야에 접목하여 새로운 판로를 개척할 수는 없을지와 같은 창의적인 고민을 계속해나가야만 합니다. 우리에게 주어진 숙제가 아직 많은 거죠.

문화

최근 몇 년간 세계를 독보적으로 휩쓸고 있는 분야가 바로 우리나라의 문화산업입니다. 《알아야 보인다》에서도 문화산업의 확장력에 대해 중점적으로 언급한 바 있지만, 이는 아무리 강조해도 부족함이 없습니다.

좌우로 펼쳐 보던 만화책에서 디지털 전환을 거쳐 스마트폰으로 위

아래로 스크롤해서 보는 형식이 된 웹툰은 우리나라에서 나타난 독자적인 문화 산물입니다. 애니메이션 종주국 일본을 일찌감치 추월했고, 북미와 유럽의 출판사들이 잇따라 네이버와 카카오에 러브콜을 보내고 있으며, 카카오 픽코마는 프랑스 최대 문화축제 중 하나인 재팬 엑스포 공식 파트너로 선정되는 등 좋은 소식이 끊이지 않고 있습니다. 특히 웹툰은 하나의 콘텐츠가 다양한 형태로 파생되는 원 소스 멀티 유즈 One Source Multi Use 에 적합해 음악, 게임, 영화 등으로 다양하게 영역을 넓히고 있죠. 그 엄청난 파장력을 지켜본 기업들은 웹툰 플랫폼 사업에 본격적으로 뛰어들었습니다. 애플의 애플북스, 아마존의 플립툰은 물론이고, 우리에게 익숙한 《드래곤볼》, 《원피스》, 《데스노트》, 《나루토》 등의 대작을 선보인 슈에이샤도 세로 형식 웹툰 플랫폼인 점프툰을 본격적으로 선보일 예정입니다.

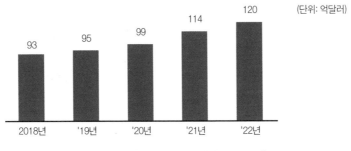

농수산식품 수출액 (출처: 한국농수산식품유통공사)

한국 음식 역시 전 세계에서 많은 인기를 끌고 있습니다. 한류 열풍에 힘입어 한식의 위상도 높아지면서 역대 최대 수출 기록을 계속 갈아치우고 있습니다. 드라마에서 자주 등장하는 라면의 수출액은 2015년부터 8년 연속 상승세를 보였고, 관세청 무역통계에 따르면 2022년 전년 대비 13.5% 증가한 9천 453억 원으로 사상 최대를 찍었습니다. 치맥은 영미권에서 '치킨 앤 비어 Chicken & Beer'라는 이름으로 서양인들의 입맛을 사로잡았으며, 특히 BBQ는 2022년 6월 미국을 대표하는 글로벌 외식 전문지인 《네이션스 레스토랑 뉴스》가 선정한 '미국에서 가장 빨리 성장한 외식 브랜드' 2위에 올랐습니다. 이뿐만이 아닙니다. 2023년 7월 아르헨티나에서는 하원에서 찬성 171표, 반대 2표라는 압도적 표차로 '김치의 날' 제정안을 통과시켰습니다. 지금껏 외국에서 지자체가 아니라 정부 차원에서 김치 기념일을 만든 것은 이번이 최초입니다. 세계 속 우리나라 식품의 위상을 확인할 수 있었습니다.

멕시코 대통령 선거 후보자의
BTS 초청 공약

엔터테인먼트 역시 빼놓을 수 없습니다. 전국경제인연합회가 2023년 '한류 확산에 대한 국민 인식조사'를 실시한 결과 2000년과 비교해 50배 이상이라는 응답이 43.9%, 40~50배라는 응답이 14.3%를 기록했습니다. 그리고 2024년 6월 치러질 멕시코 대통령 선거에 나서는 마르셀로 에브라르드 전 외교부 장관은 BTS 초청 공연을 대선 공약으로 내걸었습니다. 멕시코에서의 BTS 인기를 실감할 수 있는 대목이 아닐까 싶습니다.

한국관광공사는 한미동맹 70주년을 맞은 2023년, 한국을 찾는 미국인 관광객의 수가 2022년 54만 명에서 2023년 100만 명 이상으로

2배 가까이 급증할 것으로 추정하면서, 한미관계가 경제는 물론 문화적인 측면에서 큰 공감대를 이루어 새로운 전성기를 맞게 된 것이라고 발표했습니다. 한국경제연구원 역시 한류 열풍은 최근 5년간 국내 경제적 파급 효과가 37조 원에 달하며 한국 문화의 세계 영향력이 31위에서 7위로 급상승했다고 발표했습니다. 이를 증명하듯이 2023년 초 글로벌 언어 학습 어플리케이션인 듀오링고는 한국어가 2022년 일곱 번째로 많이 학습된 언어로 중국어 학습 열풍을 능가했다고 평가했습니다.

10 Most Powerful Countries in the World

Overall Ranking	Military Strength Ranking	Economic Strength Ranking	Digital Strength Ranking
United States	1	1	2
China	3	2	17
Russia	2	9	45
Germany	25	4	19
United Kingdom	5	6	16
South Korea	6	13	8
France	9	7	22
Japan	8	3	29
India	4	5	44
Israel	18	26	15

Sources:Military strength: 2023 Military Strength Ranking, Global Fire Index. Economic Strength: IMF 2023 Data. Digital Strength: IMD World Digital Competitiveness Ranking 2022

세계에서 가장 강력한 국가 10 (출처: USNWR)

미국 《US뉴스앤월드리포트 USNWR 》의 '세계에서 가장 강력한 국가' 조사에서는 2022년 한국이 6위를 차지했다고 밝혔으며, 2023년 1월 영국 국제교류 자문업체 헨리앤드파트너스 Henley & Partners 의 세계 이동성 보고서를 참조하면 한국 여권 파워가 세계 199개국 중 2위라고 합니다. 이러한 쾌거는 우리 모두가 함께 노력한 결과입니다.

문화는 복합적인 영역입니다. 드라마만 봐도 기획, 소품, 연출, 촬영, 편집에서부터 배우의 연기, 완성된 콘텐츠의 마케팅 등 다양한 분야가 관여합니다. 각 분야의 전문가들이 한데 어우러져 수차례의 시행착오 끝에 하나의 예술품을 만들어내는 거죠. 게다가 우리의 콘텐츠가 해외에서 더욱 유연하게 받아들여질 수 있도록 판매 현지국의 문화를 깊이 이해하고 반영하는 능력 역시 대단히 중요합니다. 여러분이 어떤 전공을 공부했든, 이 일련의 과정에 자신의 자리가 분명 있을 것입니다. 세계를 선도하는 한국 문화산업의 빈자리를 찾아가는 것도, 혹은 아직까지 등장하지 않은 새로운 자리를 창조해내는 일도 모두 여러분이 하기 나름입니다.

세계의 랜드마크를 향해

한국은 수출주도형 모델 국가입니다. 그러나 한국경제연구원에 따르면 특정 품목에 대한 수출 의존도가 주요 수출국 중 가장 높다는 연구 결과가 나왔습니다. 특히 미국과 중국에 대한 의존도가 상대적으로 높은 것으로 분석되었죠. 이 경우 대외 환경 변화로 인한 충격에 취약할 수밖에 없는 구조가 됩니다.

우리 산업은 과거 20년간 새로운 먹거리 창출에 실패했습니다. 반도체, 자동차, 석유제품, 조선 등 10대 품목 중심의 수출로 생산구조가 고착화되었고, 이중 반도체, 디스플레이, 배터리를 제외한 주력상품

대부분은 중국에 추월당했습니다. 가장 큰 수출시장에서 기술에 밀리니 대중국 무역수지는 2018년부터 계속 감소할 수밖에 없습니다.

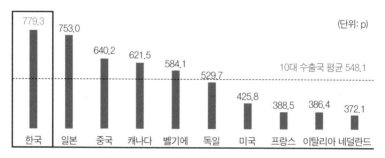

특정 품목 수출 의존도 (출처: 한국경제연구원)

이러한 구조적 문제를 지금부터 개선하지 않으면 10년 후 닥쳐올 위기를 극복하기 어렵다는 평가가 지배적입니다. 우리나라가 2000년대 경제 전성기를 맞이한 후 꾸준히 추락하는 모습을 두고 '잃어버린 20년'이라고 표현합니다. 많은 경제 전문가가 수출시장 다변화 노력과 함께 민간을 상대로 연구개발지원을 확대해 경쟁력 있는 품목을 다양하게 육성해야 한다고 주장하고 있습니다. 한국 산업 대전환을 위해 정부와 민간이 함께하는 200일 프로젝트가 개시되기도 했죠.

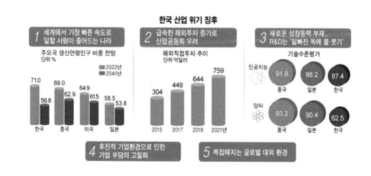

정부는 투자·인력·생산성·기업환경·글로벌 전략·신 비즈니스 6개 분과를 두고 다양한 정책 대응 방향을 논의하고 있습니다. 구체적으로 보자면, ① 첨단투자 관련 업종별 경쟁국을 지정해 해당 국가 이상의 인센티브를 보장해 투자 유치를 진행하고, ② 미래 인재를 양성하기 위한 교육 규제를 쇄신해 글로벌 우수 인재에 파격 인센티브를 제공하고, ③ 초격차 확보를 위한 핵심기술을 개발 및 지원하고 기업 현장 연계 학생 교육 프로그램을 도입하고, ④ 고급소비재·서비스·수소 등에서 중국과의 협력 분야를 확대 및 고도화하는 방안을 마련하고, ⑤ 아세안·인도·중동 등 새로운 수출 투자 시장을 개척하고, ⑥ 글로벌 선도기업 사업 동향·탄소중립·건강·삶의 질 등 미래 트렌드를 발굴하고자 하는 것입니다.

2023년 1월 세계 최대 국제전자제품박람회 CES 2023이 열렸습니다. 세계 굴지의 기업들이 모두 참가해 자신의 기량을 한껏 뽐냈는데, 그중 우리나라의 활약이 단연 돋보였습니다. 삼성전자는 '맞춤형 경험으로 여는 초연결 시대'라는 주제와 함께 여러 제품들을 유기적으로 엮는 초연결을 화두로 던졌고, LG전자는 세계 최초 무선 TV인 'LG 시그니처 올레드 M'을 공개하며 가전제품의 왕임을 다시 한번 알렸습니다. SK는 40여 종의 넷제로 신기술과 대체식품 푸드트럭 등 오감 체험 전시로 호평을 받았으며, HD현대는 각종 디지털 솔루션을 이용해 무인화이면서 탄소 배출과 에너지를 줄인 차세대 선박을 선보여 조선 최강국이 대한민국이라는 사실을 다시 한번 상기시켜주었습니다.

　　　　세상을 보는 지식

순위	국가	종합 점수	혁신 등급
1	미국	3,744	챔피언(champion)
2	핀란드		
3	에스토니아	3,725	
4	스웨덴	3,724	
5	노르웨이	3,705	
6	아이슬란드	3,646	
7	영국	3,627	
17	독일	3,392	챔피언(champion)
18	프랑스	3,372	
25	일본	3,186	
26	대한민국	3,157	리더(leader)
30	이탈리아	2,980	
49	중국	2,440	어답터(adopter)
58	인도	2,186	

CES 2023 국가별 혁신 점수 순위 (출처: CTA)

이렇게 큰 성과를 보였지만 개선할 부분도 많습니다. 행사가 종료되고 CES를 주최하는 미국소비자기술협회CTA는 한국의 혁신 순위를 대상 70개국 중 26위로 평가했습니다. 연구개발 투자·원격 의료·디지털 자산·드론·기업 활동·인적 자원 등에서는 높은 평가를 받았지만, 다양성·세금 우대·환경·사이버 보안 등에서는 상대적으로 낮은 점수를 받았습니다. 한국의 참가 기업 수는 미국에 이어 두 번째로 많았습니다. 즉, 참가 수에 비하여 혁신 지수가 상대적으로 많이 부족했던 셈이죠.

우리나라는 땅이 작고, 자원이 없으며, 인구는 세계에서 가장 빠르게 줄고 있기에 '기술 선진국'으로 나아가야만 합니다. 기술과 혁신의 선두주자 애플을 보면 2023년 기준 시가총액 4,000조를 돌파하였고 이는 GDP 7위 국가 수준입니다. 한 기업이 웬만한 나라를 능가한 거죠. 우리 역시 그렇게 나아가야 합니다. 2022년 12월 과기정통부가 발표한 기술무역 통계결과를 참조하면 기술무역수지비가 사상 첫 0.8대를 기록했습니다. 아직까지는 적자이지만 꾸준히 흑자를 향해 달려가고 있다는 고무적인 소식도 따라왔죠. 이런 추세를 더욱 발전시켜야만 합니다.

혁신은 정부와 기업만의 전유물이 아닙니다. 젊은 학생들도 얼마든지 가능합니다. 아니 오히려 젊은 학생들의 역할이 더 중요하다고 할 수 있습니다.

이제는 "무엇 하나에 몰입이나 덕질을 못하면 불행한 사람"이라는 말이 회자되고 있습니다. 어떤 분야를 집요하게 파고들며 몰입하는 '디깅력 Digging'이 기업들의 전략을 좌지우지할 정도이며, SNS와 결합해 자랑하고 싶은 인간 본연의 욕구까지 자극하여 그 파급력이 경제를 넘어 정치 영역으로까지 확산되고 있습니다.

우리는 흔히 한일전은 무조건 이겨야 한다고 말할 정도로 일본에 대한 경쟁의식을 가지고 있습니다. 반중감정도 나날이 악화되는 것을 실감하고 있죠. 하지만 정작 왜 한일전을 꼭 이겨야 하고 왜 중국인을 싫어하느냐고 물으면 논리적으로 대답하는 이는 그리 많지 않습니다. 이는 우리가 실제로 일본인과 중국인을 직접 만나 교류해본 적이 드물기 때문입니다.

일본인이나 중국인을 개인적으로 만나면 좋은 사람이 매우 많습니다. 동시에 나쁜 사람도 많죠. 우리 주변에도 선한 이웃들이 많은가 하면, 뉴스에 등장하는 극악무도한 악당들 또한 실재하잖아요. 다양한 객체가 존재하기에 어떤 나라 사람에 대한 일반화는 할 수 없는 법입니다. 그럼에도 불구하고 이런 의식이 존재하는 이유는 개인과 개인 간의 관계가 아니라, 나라와 나라 간의 관계를 자기 자신에게 투영하기 때문입니다.

2019년 일본이 우리나라에 일방적인 수출규제를 시행하자 반일감정이 극대화되고 유니클로 불매운동이 불었습니다. 하지만 2023년 1월 우리나라에 〈더 퍼스트 슬램덩크 The First Slam Dunk〉가 개봉하자 언제 그랬냐는 듯 관객 수가 하늘을 뚫을 기세로 인기를 몰았죠. 심지어 여의도에서 슬램덩크 굿즈를 판매하자 그 추운 겨울날 야외에서 대기까지 하며 사는 사람들의 모습을 볼 수 있었습니다. 해당 굿즈는 완판되었고요. 일본 위스키는 재고가 부족해 오픈런이 벌어지기 일쑤이고, 일본 맥주도 취급 채널이 늘며 완연한 회복세를 보이고 있습니다. 게다가 세계적으로 흥행에 성공한 포켓몬 카드는 버블 현상을 일으킬 만큼 높은 가격에 거래되고 있습니다. 포켓몬 캐릭터로 카드 게임을 하는 포켓몬 카드는 등급이 나뉘어 있는데 그중 '전설'에 해당하는 최고 등급 카드는 가격이 1억 엔약 9억 2천만 원 에 달합니다. 단 39장만 특수 제작되었다는 프리미엄까지 붙으면서 미국 유튜버이자 프로 레슬러 로건 알렉산더 폴이 2021년 약 530만 달러약 70억 원 에 구입한 일이 화제가 되기도 했었죠.

로건 알렉산더 폴이 구매한 최고등급 포켓몬 카드 (출처: 로건 폴 SNS)

중국의 게임 문화도 지금 엄청나게 성장했습니다. 전 세계 게이머들이 열광하는 '리그 오브 레전드 LOL'는 2011년 중국 텐센트에 인수되어 현재 텐센트 소속 자회사가 되었습니다. 이 게임은 우리나라에서 부동의 1위를 수년째 유지하고 있으며, LOL 프로게이머는 모두의 우상이 되고 있습니다. 중국이 개발한 모바일 게임 '원신' 역시 우리나라에서 많은 인기를 끌고 있죠.

우리가 정말로 일본이 싫고 중국이 싫다면 남 좋은 일은 하지 않는 것이 맞지 않을까요? 우리만 그런 게 아닙니다. 일본과 중국 역시 마찬가지입니다. 일본도 한일전을 하면 무조건 이겨야 한다고 난리를 치지만 젊은이들은 K-POP에 열광하고 있죠. 2023년 7월 우리나라 편의점이 일본에서 1000호점 출점에 성공하여 일본 본토의 편의점을 압도하기도 했고요. 중국도 표면적으로는 반한감정이 계속해서 오르고 있다지만, 〈오징어 게임〉, 〈더 글로리〉 등의 콘텐츠에 열광하는 등

　　　　　　　　세상을 보는 지식

모순적인 모습을 보이고 있습니다.

좀 더 과거의 사례를 살펴볼까요? 과거 독일은 전 세계를 상대로 2차 세계대전을 일으켰습니다. 당시 독일이라고 하면 모두가 치를 떨었죠. 하지만 지금은 어떤가요? 대외적인 관계는 원만하고, G7 국가로서 국제적 영향력을 행사하고 있으며, 독일에서 제작된 벤츠는 하이엔드 자동차로 전 세계의 사랑을 받고 있습니다. 독일과 함께 전쟁을 일으킨 일본은 당시 미국으로부터 원자폭탄을 맞고 항복했습니다. 그 시절을 경험했던 일본의 고령자들은 미국에 대해 대단히 부정적인 감정을 지니고 있습니다. 하지만 지금의 미일 관계는 역사상 최고조입니다. 우리나라 역시 일제 침략기를 겪으며 반일감정이 극에 달했습니다. 하지만 2023년에는 어떤가요? 지난 몇 년간과는 달리 순풍이 불고 있고, 서로가 규제를 풀고 손을 내밀고 있습니다.

각 나라 지도자는 철저히 자국의 이익만 찾아 움직입니다. 그 결과 나라 간의 대외 관계는 주식 그래프와 같은 형태를 보입니다. 영원한 친구도, 영원한 원수도 없고, 오직 이익만 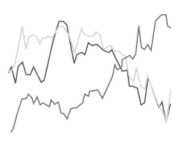 이 영원한 거죠. 1차 냉전 이후 서로의 이익을 위해 형성되었던 잠시 동안의 경제적 통합은 끝내 정치적 분열을 감당하지 못했습니다. 그 결과 중 하나가 우크라이나와 러시아의 전쟁입니다.

하지만 이를 초월하는 것이 있습니다. 바로 이제껏 언급했던 문화산업입니다. 상대국이 우리나라와 관계가 좋든 나쁘든, 문화산업은 사람의 본질적 재미를 자극하고, 피폐해진 삶을 풍요롭게 만듭니다.

정치적 분열이 세계화의 붕괴를 낳았다면, 이를 봉합하는 것이 문화가 아닐까 생각합니다. 그리고 세계 문화를 선도하는 것이 바로 작은 거인 우리나라입니다. 우리 모두가 대한민국에 대한 자부심을 갖고 이를 더욱 발전시켜나갔으면 좋겠습니다.

2장

포스트 코로나

3년이라는 긴 시간

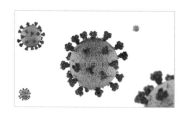
최근 몇 년 동안 우리의 생활을 가장 크게 바꿔놓은 것을 꼽으라면 단연 코로나19를 거론하지 않을 수 없습니다. 코로나19는 2019년 12월 중국 우한시에서 최초로 발생한 바이러스성 호흡기 질환입니다. 이는 호흡기를 통해 발열되는 유행성 질환으로 감염 후에는 인후통, 고열, 기침, 호흡곤란 등의 증상을 거쳐 폐렴으로 발전하는데 변이형에 따라 증상은 다소 차이가 있습니다.

처음에는 누구나 단순 감기나 독감의 일종이라고 생각했습니다. 그러나 세계는 곧 이 질병의 심각성을 깨닫게 되었죠. 이번 장에서는 전 세계를 강타한 이 질병이 정복되기까지의 약 3년간의 타임라인을 살펴보고, 그로 인해 나타난 우리 일상의 변화를 알아보도록 하겠습니다.

타임라인

코로나19가 중국에서 최초로 발생한 지 고작 한 달 후인 2020년 1월 세계보건기구가 국제 공중보건 비상사태 PHEIC 를 선언한 데 이어, 3월에는 팬데믹을 선언했습니다. 참고로 세계보건기구가 팬데믹으로 분류한 질병은 역대 단 3개 1968년 홍콩독감, 2009년 신종인플루엔자, 2020년 코로나19 뿐입니다. 발표 이후 많은 국제 행사가 취소되거나 연기되었고, 아마도 이 시점이 우리 같은 일반인들도 '이게 보통 질병이 아니구나' 하고 실감한 시기가 아닌가 싶습니다.

2020년

2020년 1월 20일, 국내 첫 확진자가 나타났습니다. 정부는 1월 27일 곧바로 감염병 위기단계를 '주의'에서 '경계'로 전환했습니다. 이전 메르스 때도 '주의'에 그쳤던 전례를 참조하면 정부가 대단히 크게 경계했다는 걸 알 수 있죠. 우한에서 입국한 내국인의 전수조사를 실시했지만 이미 우리나라에 어느 정도 유입되어버렸고, 이때까지만 해도 국민 모두의 경각심도 부족했기에 본격적으로 확산이 시작되고 맙니다.

2월에 정부는 이 새로운 질병의 명칭을 '코로나19'로 확정했습니다. 며칠 지나지 않아 위기경보를 '경계'에서 '심각'으로 변경하고, 중앙재난안전대책본부를 편성했죠. 그리고 이때부터 '전국적 확산 가능성'

을 인정하고 대국민 메시지를 통해 국민 모두의 참여를 독려합니다. 백신은커녕 치료제도 없는 질병이기에 지역 피해 최소화에 중점을 두었죠.

3월에 수도권이 뚫렸습니다. 구로 콜센터 직원 169명이 무더기 확진되면서 수도권 전역으로 확산되는 것이 아닌가 하는 불안감이 엄습했죠. 그리고 마스크 수요가 공급을 월등히 앞질러 공적

공급 마스크 5부제가 실시되었습니다. 전국 약국의 마스크, 타이레놀, 소독용 알코올 등의 오픈런이 나타난 시기가 이때입니다.

4월, 중학교와 고등학교 개학이 시행되었습니다. 한 달 넘게 개학을 미뤘지만, 학습을 중단할 수도 없기에 전대미문의 '비대면 개학'이 시작되었죠. 일부 소수 대학을 제외하면, 특히 중고등학교가 비대면 수업을 한다는 것은 전 세계적으로도 전례를 찾기 어렵습니다. 코로나 시절 모두가 반강제적으로 새로운 도전에 직면했는데, 그중에서도 가장 고생한 건 10대 수험생들이 아닐까 싶습니다. 이때 누적 확진자가 첫 1만 명대에 진입했습니다. 확산세를 막기 위해 해외 입국자 관리도 철저하게 시행해 2주간 자가격리시켰죠.

5월, 이태원 클럽에서 170명 집단 감염이 나타나 수도권 최다 감염 사례였던 구로 콜센터 사례를 넘어섰습니다. 감염자 다수가 동선이 상대적으로 큰 20대와 30대인 만큼 수도권 전역으로 확산된다는 위기감이 본격적으로 찾아온 시기입니다. 정부는 생활 속 거리두기를 시

행하고 5대 기본 생활수칙을 발표했습니다. 곧바로 26일부터 버스·택시·지하철을 이용하는 시민들이 마스크를 쓰지 않을 경우 탑승을 제한하는 등 방역 관리를 한층 강화했습니다.

11월, 사회적 거리두기가 3단계에서 5단계로 세분화되고, 마스크 착용이 의무화되었습니다.

12월에는 사상 첫 코로나 수능이 실시되었습니다. 감염 방지를 위해 모든 수험생은 마스크를 착용해야 했으며 칸막이가 쳐진 책상에 앉아 시험을 치렀습니다. 확진자와 자가격리자는 별도의 시험장에서 시험을 치렀고요. 익숙하지 않은 마스크에 익숙하지 않은 동선, 조절하기 어려운 컨디션, 시험장에서 감염될 수 있다는 불안감 등이 모두 혼재된 날이었습니다. 이날 고생한 수험생과 방역에 힘쓰신 분들 모두 고생 많으셨습니다.

2021년

2월 26일, 드디어 국내 첫 백신 접종이 시작되었습니다. 이는 국내에서 코로나19 첫 확진자가 나온 지 1년 37일 만입니다. 전 국민의 70% 이상이 1차 접종을 마치고 11월까지 집단면역을 형성해 코로나19 위기를 벗어난다는 원대한 계획의 출발점이었습니다.

3월에는 전해와는 달리 유·초·중·고 새 학기 대면등교가 시작되었습니다. 다소의 차이는 있지만, 초등학교 1학년과 2학년은 매일 등교, 나머지 학년은 일주일 2회에서 3회나 격주, 또는 3주 가운데 2주 등의 형태로 시행되었습니다.

4월에도 여전히 확산세가 강해 '마스크 착용 의무화 조치'가 시행되었습니다. 이때부터는 사회적 거리두기 단계와 관계없이 모든 외부와 분리된 실내에서 마스크를 항상 착용해야 했으며, 실외에서도 2미터 거리 유지가 되지 않거나 집회·공연·행사 등 여럿이 모일 때는 마스크를 항상 써야 했습니다.

5월, 한국과 미국은 글로벌 백신 파트너십 구축에 합의했습니다. 우리나라의 백신 확보가 더욱 안정적으로 되었습니다. 그리고 전체 인구의 10%를 초과하는 약 520.4만 명이 예방접종에 동참했죠.

7월에는 전 세계 확진자가 약 1억 9,700만 명에 도달하고, 사망자가 약 420만 명 발생했습니다. 우리나라에서는 경각심을 한층 드높여 사회적 거리두기 4단계가 시작되었습니다. 저녁 6시 이후 3인 이상의 사적모임이 불가능해졌습니다. 기존에는 8인까지 직계가족 모임은 허용했는데 이조차 금지되었죠. 장례식과 결혼식은 최대 49명까지만 가능했고, 식당·카페·영화관 등은 밤 10시까지만 운영했습니다. 이전에도 힘들었고 다들 고생했지만, 이 시기엔 특히 자영업자들이 빚으로 빚을 막는다고 할 정도로 어려움을 겪었습니다.

8월, 인도에서 넘어온 델타형 바이러스가 4차 대유행의 기세를 떨쳤습니다. 게다가 변이형인 델타 플러스도 나타나 우리 모두를 곤욕스럽게 했습니다. 확산 능력은 훨씬 높아도 증상은 기존보다 약한 것이 그나마 다행이었습니다.

11월 1일부터 우리나라 정부는 단계적 일상 회복을 시행했습니다. 코로나19를 억제하기보다는 동반하는 질병으로 여기고, 여러 차례의 백신 접종을 통한 면역력 강화를 바탕으로 일상으로의 복귀를 선택한 것입니다. 이때부터 사적 모임은 수도권 10명, 비수도권 12명까지 가능하고 식당과 카페 등의 시설도 24시간 영업이 가능해져 자영업자들의 숨통이 다소 트이게 되었습니다.

12월, 애초의 기대와는 달리 방역지표가 새로운 변이형 오미크론에 의해 계속 악화되는 형세를 보이자 정부는 사적모임 제한 기준을 수도권 6명, 비수도권 8명으로 다시 축소합니다. 너무 일찍 일상화를 꾀한 것이 아니냐는 비판도 등장했습니다.

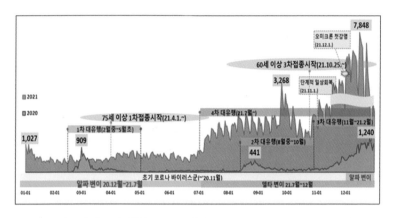

코로나19 유행 초기 현황(2020~2021) (출처: 보건복지부 중앙사고수습본부)

2022년

해가 바뀐 첫 달에, 우리나라는 전 국민 백신 2차 접종을 넘어 3차 접종을 시도합니다. 1차 접종조차 제대로 마치지 못한 나라가 여럿이라는 점을 참조하면, 우리나라의 3차 접종시도가 얼마나 대단한 것인지 알 수 있습니다. 당시 외신에서도 한국의 방역체계에 수차례 감탄사를 던졌죠. 3차 접종 시 2차보다 감염률은 83%, 사망률은 99%가 저하되기에 다시 한번 '위드 코로나'를 시도할 수 있지 않을까 하는 기대감이 싹텄습니다.

이 시기, 3차 접종 시도에도 불구하고 누적 확진자는 약 1,000만 명에 도달했습니다. 우리나라 인구의 약 5분의 1이 감염되었다는 말과 같습니다. 보건산업 관계자와 우리 모두가 매우 힘겨운 시간을 보냈습니다.

9월, 드디어 코로나 확산세가 수그러드는 것을 체감할 수 있는 시기가 왔습니다. 3차 접종으로 인해 면역력이 강화된 것일 수도 있고, 대부분 한 차례씩 걸린 후 자체 면역력이 생성된 것일 수도 있습니다. 어쩌면 둘 다일 수도 있고요. 이때부터 실외 마스크 의무가 532일 만에 해제되고 권고로 전환되어 오랜만에 상쾌한 야외 공기를 만끽할 수 있게 되었습니다.

10월부터는 입국 후 PCR 검사 의무가 해제되었습니다. 우리나라 국민의 자체 면역력도 강화되었고, 해외 역시 코로나19의 기세가 줄어들었다는 방증입니다.

12월부터 실내 마스크 착용 의무를 점진적으로 해제하기 시작했습니다. 식당이나 마트와 같은 위험도가 낮은 시설부터 천천히 해제하고, 위험도가 높은 병원이나 대중교통에서는 여전히 착용하도록 했습니다.

2023년

4월, 정부가 코로나 위험도가 12주째 낮음으로 나타났다는 희망적인 사실과 함께, 혹시나 추가 변이가 나타나더라도 백신과 병상 확보 준비를 완전히 마쳤다고 발표했습니다. 질병관리청 국립보건연구원은 우리나라 국민 10명 중 7명은 코로나19에 감염돼 항체를 보유한 것으로 나타났고, 백신 접종자까지 더하면 항체 보유율이 99%에 달한다는 보고서를 발표했죠. 마스크 착용을 점진적으로 줄이는 와중에 꾸준히 낮음으로 나타났다는 것은 이제 끝이 얼마 남지 않았음을 보여주는 대목입니다.

5월 5일, 드디어 그날이 왔습니다. 세계보건기구가 코로나19 국제 공중보건 위기상황 해제를 발표한 날입니다. 그리고 우리나라도 3년 4개월 동안 지속된 비상대응체계가 엔데믹 Endemic 체제로 전환되었습니다. 확진자의 격리 의무 및 실내 마스크 의무화 조치를 필수에서 권고로 전환하고 코로나19를 일상적 의료체계로 관리하여 진정한 위드 코로나가 시작되었죠.

8월, 질병관리청 국립보건연구원은 항체 양성률 3차 조사 결과를 발표했습니다. 우리나라 국민의 99% 이상이 항체를 보유하고 있다는

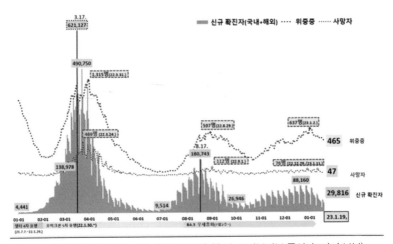

코로나 유행 현황(2022년 1월~2023년 1월) (출처: 보건복지부 중앙사고수습본부)

세상을 보는 지식

놀라운 내용을 통해 우리 모두의 승리임을 확인시켜주었죠. 다만 동시에 여전히 백신을 접종하지 않은 사람은 백신 접종자 대비 3.1배 이상의 재감염 위험성이 있다며, 코로나의 위험이 상존하고 있다는 점을 분명히 했습니다.

긴 시간 동안 여러 사건이 있었지만 단연코 돋보인 이들은 우리나라 보건산업 종사자들이 아닌가 싶습니다. 대단히 낯선 단어였던 '사회적 거리두기'는 2년 동안 40번이 넘는 조정을 거치며 이제는 익숙한 단어가 되었습니다. 늘어나는 확진자를 억제하기 위해 필요한 조치였기는 하지만, 헬스장의 러닝머신 속도나 음악의 BPM을 제한하는 조치, 러닝머신에서 뛰는 건 괜찮지만 줌바나 스피닝 프로그램에서 뛰는 것은 제한하는 조치 등의 공감받지 못한 수칙도 여럿 있었습니다. 일련의 과정에서 여러 소상공인이 많은 고통을 받았고, 일생의 가장 큰 행사인 결혼을 앞둔 신혼부부, 그리고 학업에 제한을 받은 수험생들의 비명은 끊이지 않았습니다. 그래도 모두가 함께 감내한 덕분에 긴 터널을 지나올 수 있었다고 생각합니다.

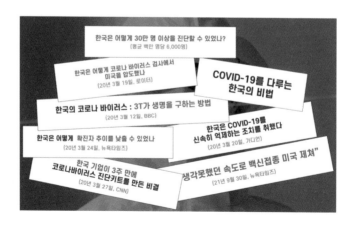

외신도 우리나라를 여러 차례 주목하여 《월스트리트 저널》은 "코로나 확산을 가장 잘 막은 나라는 전 세계에서 한국뿐"이라는 기사를 내보냈습니다. '훌륭한 검사와 기술의 조합'이 그 비결이라고 설명했습니다. 또한, 동네 구석구석 진료소가 설치되고, 단 3주 만에 진단키트를 발명해 실전에 도입하는 등 눈부신 성과도 많았습니다. 무엇보다 세계에서 가장 빠르게 3차 접종을 끝마치는 등 국민 모두의 협조가 있었기에 가능했던 성과입니다.

우리에게 있어 마스크란

코로나19가 마무리되고 나타난 특이한 사항이 있습니다. 마스크 착용 의무가 해제되었는데도 적지 않은 이들이 몇 달간은 여전히 마스크를 사용했다는 점입니다. 2023년 6월 정도까지는 왠지 착용하지 않으면 무언가 허전하고 불편한 느낌을 많이 받았을 겁니다. 이는 비단 우리나라만의 현상이 아니며, 주로 아시아 국가 한국, 일본 등 에서 많이 나타났다고 합니다. 그 수가 적지 않아 《뉴욕타임스》가 이를 분석한 사설을 냈을 정도입니다.

마스크를 쓰면 다른 사람들과 대화가 어려워지고 안경에도 김이 서리는 등 여러 불편함이 따른다. 그럼에도 아시아 국가들의 많은 시민들은 당분간 마스크 착용을 중단하지 않을 것으로 보인다.

《뉴욕타임스》는 아시아가 마스크를 여전히 고집하는 이유가 2002년

사스SARS 와 2012년 메르스MERS 등의 호흡기 관련 질병을 경험하며 이미 마스크 착용이 익숙한데, 지난 2년간의 팬데믹을 통해 이런 습관을 더욱 굳히게 됐다고 분석했습니다. 코로나19에 대한 잔재 위험이 여전히 남아 있기에 건강을 위해 마스크를 선택하고 있다는 거죠.

그러나 또 다른 분석도 나오고 있습니다. 문화연구자 김상민 씨는 "사람들은 자기 얼굴이 가려지는 것에 편안함을 느끼고 민낯을 드러내는 것에 약간 불편함을 느낀다. 마스크 착용은 항상 아름다운 외모를 유지해야 한다는 사회적 압박감을 덜어준다"라는 의견을 제시했습니다. 아시아 사람들은 서양 문화권에 비해 상대적으로 타인을 많이 고려합니다. 마스크를 착용하면 화장을 하거나 억지로 웃을 필요도 없고, 본인의 구취로 인한 실례에도 신경 쓸 필요가 없습니다. 즉, 상대를 배려해야 하는 수고를 덜 수 있어서 일상생활이 편해진다는 말이죠.

또 다른 분석은 팬데믹으로 인해 사람들의 가치관이 변화했다는 것입니다. 동서양을 불문하고 마스크가 외모를 더욱 매력적으로 보이게 만든다는 설문조사 결과가 여럿 있습니다. 마스크로 자신의 얼굴을 가리면 가릴수록 매

력이 올라간다는 거죠. 영국의 《가디언》은 실제로 관련 기사를 내기도 했습니다.

카디프대학의 연구를 참조하면 팬데믹 이전에는 '마스크 = 질병'으

로 인식되어 마스크를 착용하는 것이 상대의 매력을 감소시켰다고 합니다. 가령 소개팅에서 상대방이 마스크를 쓰고 나오면 감기 등의 질병에 걸린 것 같은 선입견을 주고 본인에게 해를 끼칠 수 있다고 생각하게 된다는 것입니다. 하지만 펜데믹 이후로는 마스크에 대한 인식이 '보건관계자'로 바뀌어 본인에게 해를 끼칠 수 있는 사람이 아닌, 자신을 치유해주는 사람으로 인식해 심리적으로 안심하게 되면서 착용자에 대해 조금 더 긍정적으로 느낀다는 것입니다. 마스크가 아닌 책이나 손으로 가린 경우에는 그다지 호감도가 오르지 않은 것으로 보아 '마스크'로 인해 나타나는 효과로 보는 게 타당하다고 주장합니다.

코로나 이전에는 아무런 질병이 없는 상태가 다수를 차지했고 그것이 당연했습니다. 하지만 팬데믹을 통해 적지 않은 이들이 본인 스스로를 잠재적 환자로 인식하게 된 거죠. 그래서 본인을 치유해줄 사람에게 자연스럽게 호감도가 올라간다는 것입니다.

하지만 거리두기가 종료되고 몇 달이 지난 8월부터는 마스크가 오히려 비호감으로 되돌아가는 추세도 보이고 있습니다. 최근 흉흉한 사회적 범죄들이 발생하면서 마스크를 착용하는 것이 '범죄' 이미지 또는 여전히 환자로 머물러 있는 '감염' 이미지를 풍긴다는 거죠.

우리나라에서는 마스크를 착용한 이를 '마기꾼 마스크 + 사기꾼'이라 부르기도 하고, 일본에서는 마스크를 벗는 것이 속옷을 벗는 것처럼 창피하다고 해서 '가오판쓰 顔パンツ, 얼굴팬티'라는 별칭으로 불리기도 했습니다. 이미 마스크

BEFORE · AFTER

를 보건 용도 이상의 물건으로 인식하기 시작했다는 걸 의미하죠. 지금이야 대부분 마스크를 벗고 생활하지만, 불과 몇 달 전 한 커뮤니티 사이트에서는 소개팅에서 절대로 마스크를 벗지 않으면 이성과 잘 풀릴 확률이 높다는 우스갯소리가 나돌 정도였죠. 여러분은 어느 의견이 맞다고 생각하시나요?

비대면 VS 대면

코로나19는 우리의 심리뿐만 아니라 생활패턴도 적지 않게 변화시켰습니다. 그중 하나가 비대면 업무의 증가입니다. 지난 3년간 사람과 사람의 만남은 강제적으로 차단당했고, 사회 각 기관은 강제적으로 비대면으로의 전환을 진행해야 했습니다. 그 와중에 ZOOM, WEBEX와 같은 화상 회의나 FLOW, SLACK, 비즈웍스 등 비대면 업무 협업 툴이 우리 생활 깊숙이 들어왔습니다. 문제는 거리두기가 끝나고 다시 대면으로 돌아가자니 적지 않은 혼란이 나타난다는 겁니다. 한번 살펴볼까요?

우리나라 대표적인 게임회사인 넥슨, 엔씨소프트, 넷마블 등은 2023년 6월 일상 회복의 속도가 빨라지자 전 직원의 사무실 출근 근무체제로 다시 전환했습니다. 업무 진행에 있어서 개발·기획·디자인 등 각 분야 인력이 긴밀하게 협력해야 하는데, 거리두기 시절을 겪어보니 직접 얼굴을 맞대고 회의하는 것이 가장 효율적이라고 판단한 거죠.

서양도 마찬가지입니다. 테슬라 CEO 일론 머스크는 모든 직원들에게 사무실에서 주 40시간 이상 일해야 하며, 사무실에 나타나지 않는 직원은 퇴사한 것으로 간주한다 는 공문을 보냈습니다. 더불어 업무 생 산성은 회사에서 함께 얼굴을 마주할 때 나타나는 것이지 전화로는 아무것도 이뤄지지 않는다고 주장해 논란이 되 었죠.

사측의 방침에 반발해 노사갈등이 극심하게 격화되는 모습이 세계 도처에서 나타났습니다. '2년 동안 재택근무 노하우를 살려 하이브리 드 근무를 할 수도 있는데, 급작스럽게 사무실 출근을 요구하는 상황 이 당황스럽다'라는 의견이 많았고, 적지 않은 이들이 퇴사 또는 이직 을 결정했습니다. 심지어 대면으로 되돌아간다는 소식이 스멀스멀 올 라오던 2023년 1월, 카카오에서는 몇 년째 10%를 밑돌던 노조 가입률 이 순식간에 50%를 넘어서는 기염을 토하기도 했습니다.

절충안을 제시하는 기업도 등장했습니다. 네이버는 직원이 직접 '전면 원격 / 주 3회 이상 출근' 중 하나를 택하는 커넥티드 워크 제도 를 도입하였고, 카카오는 임직원이 자신이 선택한 장소에서 자유롭게 근무하는 파일럿 근무제를 도입했습니다. 구글도 유사한 형태를 내놓 았습니다. 주중 2회 또는 3회 사무실에서 근무하는 하이브리드 모델 을 제시했는데, 이는 강제적이지 않고 소속 팀과 개인 재량으로 결정 할 수 있다고 공표했죠. 애플은 중요 인재가 퇴사할 것을 염려해 4월 '주 1회 출근'으로 시작해 '월·화·목 주 3회 출근'으로 확대하려고 했으 나 AI 머신러닝 총 책임자 이안 굿펠로우 등 핵심 연구인력이 이에 반 발해 퇴사해버리자, 출근 정책을 여러 차례 철회하기도 했습니다.

대면 업무를 주장하는 기업의 입장은 대체로 비슷합니다. 비대면 업무가 대면 업무보다 효율이 떨어진다는 '업무 생산성 문제'를 제기합니다. 비대면에서는 업무 집중도가 저하되고, 구성원 간 소통이 어렵다는 거죠. 결국, 직원에게 주는 월급은 같은데 효율이 떨어지니 본래의 대면 형식으로 복귀하겠다는 결론을 내립니다. 특히 비대면 근무와 교육을 정착시킨 ZOOM은 기존 이용자가 천만 명 정도에서 팬데믹을 거 치며 3억 명 이상으로 급성장했습니다. 하지만 이 회사마저 2023년 8월 사무실 80km 이내 거리에 거주할 경우에는 사무실 출근을 명령했고, 주 2회 출근하는 하이브리드 근무 방식이 가장 효과적이라고 주장합니다. 비대면 활동의 상징과도 같았던 ZOOM이 사무실 출근을 지시하는 모습이 현재의 흐름을 대변하는 것 같습니다.

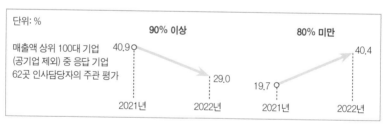

사무실 출근 대비 재택근무 체감 업무 생산성 변화 평가 (출처: 한국경영자총협회)

한국경영자총협회가 매출액 상위 100대 기업 62개사 응답 인사담당자를 대상으로 조사한 결과, 재택근무 시 체감 업무 생산성이 정상 출근했을 때의 '90% 이상'이라고 답한 비율이 2021년 40.9%에서 2022년 29.0%로 줄었으며, '80% 미만'이라는 응답은 같은 기간 19.7%에서

40.4%로 늘었다고 합니다. 위 조사는 비록 인사담당자만의 평가라는 한계가 존재하지만, 재택근무의 업무 효율성에 대한 현장의 물음표가 커지고 있다는 점은 실감할 수 있을 것 같습니다.

반대 입장으로는 코로나19 시절 비대면으로의 업무환경이 충분히 자리 잡았고, 효율이 결코 떨어지지 않으며, 강제적으로 직원을 사무실에 앉히는 것이 오히려 비효율적이라는 주장이 있습니다. 심지어 '강탈당한 복지'라는 표현까지 등장했죠. 취업포털 인크루트가 직장인 885명을 대상으로 실시한 '가장 희망하는 복지' 설문 조사에서 주 4일제가 23.4%로 1위, 재택근무 시행이 7.3%로 2위로 나타났습니다. 직장인들 중에서도 재택을 선호하지 않는 사람들이 분명 존재하기에 중간 절충안 형태인 주 4일제가 1위로 나타난 것으로 보입니다. 정도의 차이는 있지만, 기존 5일 출근에서 사무실 근무시간을 줄이길 바라고 워라밸을 중시하는 경향이 나타나는 것은 분명해 보입니다.

중요한 것은 본질

대면 업무의 디지털 전환 형태인 비대면 업무. 사람은 적어도 옆그레이드를 해야지, 과거로 회귀하기란 쉽지 않은 법입니다.

1990년대 뉴스를 보면, 태풍이 와서 폭우가 내린 다음 날 사람들이 출근하는 모습을 종종 볼 수 있었습니다. 기상조건이 나빠도, 대중교통이 끊겨도 무조건 출근해야 했고 모두가 이를 당연한 것으로 여겼습니다. 하지만 디지털 전환이 이루어진다면 꼭 장소와 시간에 구애받을 필요는 없지 않을까요?

폭우 다음 날 출근하는 사람들의 모습이 담긴 뉴스

전 세계에서 동시다발적으로 발생하고 있는 노사갈등에 대해 《포브스 Forbes 》는 일하는 방식의 변화야말로 코로나19가 남긴 가장 지속적인 유산이라고 평가했습니다. 비대면 업무가 뉴노멀 New normal 일까요, 아니면 코로나19로 인해 잠시 나타난 특수 상황에 불과한 것일까요? 이에 대한 결론을 내놓기 전에 잠시 다른 분야를 들러볼까 합니다.

업무현장 이외에 비대면 열풍이 강하게 분 곳이 바로 교육현장입니다. 3년 전 비대면을 강요받은 교육현장은 말 그대로 혼돈 그 자체였습니다. 학생들은 혼란스러워 했고, 어떻게든 교육을 이어가야 했던 교수자들 역시 낯선 툴의 사용법을 익히느라 혼란스럽기는 마찬가지였습니다. 수험생은 느닷없이 강제 귀가조치를 받고 집에서 영상으로 공부를 해야 했고, 직격탄을 맞은 20학번은 4학년이 돼서야 겨우 학교를 나와, 캠퍼스 생활의 즐거움과 동문과의 교류 기회를 잃은 채, 지금 취업 준비를 하고 있습니다.

3년 전 등록금 반환 요구 시위가 벌어졌습니다. 2020년 4월 전국대학학생회네트워크가 이달 중순 전국 203개 대학, 2만 1,784명에게 설문 조사한 결과를 보면 응답자의 99.2%가 '상반기 등록금 반환이 필요하다'고 답했고, 그 이유로 '대학 시설 이용 불가'가 거론되었습니다. 학생들은 학교에 등교할 수 없어 도서관 등 학교 시설을 이용할 수 없었으며, 특히 실기가 중심인 예체능계, 실험과 실습이 많은 이공계 학생들의 경우 절반 이상의 학습권이 박탈되었다고 주장했습니다. 또 다른 이유는 대학 수업의 질적 저하입니다. 비대면 수업을 하면서 교수자와의 소통이 매우 줄어들었습니다. 수업 시간에 떠오른 내용을 질문하기도 힘들었고, 옆자리에 앉은 친구에게 조용히 물어보기도 어려웠습니다. 교수자가 강의 내용을 영상으로 찍어 배포하는 경우, 실시간 소통은 아예 불가능하고 별도의 연락을 취해야만 소통이 가능했죠. 이를 보완하고자 후반에는 수업 시간에 교수자와 학습자가 동시 접속하여 실시간 수업을 진행하는 사례가 증가하였지만, 이 역시 대면 수업에서의 효율을 따라가기는 힘들다는 평이 많았습니다. 무엇보다 학습자 본인이 해이해지기 쉽습니다.

2020년 말 카카오게임즈가 퍼블리싱을 맡은 '배틀그라운드'의 게임 운영자를 만날 기회가 있었는데, 평일 오전 9시만 되면 접속률이 급격히 오른다는 말을 들었습니다. 즉, 수업 시간에 비대면 수업을 음소거해둔 채 커두기만 하고 게임에 접속한다는 이야기입니다. 물론 일부 학생에 국한된 이야기겠지만 교수자와의 거리가 멀어질 경우, 학습 의

욕을 유지하기가 상대적으로 쉽지 않은 일면을 보여주는 사례라고 생각합니다.

나(학생)   나(직장인)

우리는 비대면으로 인해 등록금을 요구하는 학생과 대면으로의 복귀를 거부하는 직장인을 동시에 보고 있습니다. 자신의 상황에 따라 요구는 변화하는 법이죠. 업무에 사용할 수많은 워크 스페이스 툴이 최근 다수 등장했지만, 복잡한 인터페이스와 팀원과의 소통이 어렵다는 단점이 제기되고 생산성이 떨어지자 기업은 직원들이 불평할 것을 알아도 어쩔 수 없이 출근을 강요하게 됩니다. 학교도 마찬가지입니다. 최근 몇 년간 소위 '메타버스'라는 명칭을 단 결과물을 내놓은 대학이 여럿 있었습니다. 하지만 학술회의를 해보면 각자 구축한 '메타버스'는 온데간데없습니다. 학술회의뿐만 아니라 수업과 연구 역시 언제나 ZOOM을 이용합니다. 각자 특정 서버에 접속해 아바타를 조작하고 다양한 상호작용을 하는 높은 기술이, 단순히 채팅방에 캠으로 얼굴을 띄우고 마이크로 직접 이야기하는 단순 기술보다 훨씬 효율이 떨어진다는 것입니다. 그리고 잠시 사용했던 ZOOM조차 사회적 거리두기가 종료되고는 사용 빈도가 줄고 대면으로 회귀하고 있죠.

본질에 주목해야 합니다. 마스크를 착용했든 착용하지 않았든 인간성이 훌륭하면 그만입니다. 또한, 비대면이 대면과 엇비슷한 생산성을 보장할 수만 있다면 시간과 공간을 초월한다는 장점이 더해져 큰 시너지를 낳게 됩니다. 이것이 디지털 전환의 가치입니다. 비대면 업무로 아무 문제 없이 운영된다면 회사는 군이 사무실을 임대할 필요가 없고, 각종 사무기기도 들여놓을 필요가 없습니다. 대학 역시 연구실과 강의실 등의 공간이 불필요할 테니 그 비용을 교육과 업무에 더 투자할 수 있게 됩니다. 그뿐일까요? 직원과 학생은 출퇴근과 통학 시간이 불필요하기에 새롭게 발생한 시간과 비용을 자신에게 투자할 수 있습니다.

통신기술의 발전사를 보면, 음성통화만 가능했던 시절에서 문자 발송이 가능해지고, 점차 소리와 영상이 디지털화되어 왔습니다. 넥스트 스텝으로 거론되는 것이 '모두를 포함한 세상'입니다.
우리가 '대면'과 '비대면'이라는 용어로 둘을 구분하는 것 자체가 아직 둘 간의 간격이 존재한다는 점을 방증하고 있습니다.

게다가 이번 챕터에서 언급한 '업무'와 '교육'은 '세상'의 극히 작은 일부분일 뿐입니다. 누군가 다양한 분야를 한자리에 모으고, 전 세계 사람들이 언어의 장벽을 넘어 자유롭게 소통할 수 있게 하고, 현실과 가상의 차이를 구분하는 것이 무의미하게 느껴지게 만들 수 있다면, 과거 컴퓨터나 아이폰이 처음 등장했을 때의 충격을 넘어서는 변화를 가져올 거라고 생각합니다. 다양한 도전이 시도되고 있지만 그럴듯한 해답은 아직 세계 어디에서도 나타나지 않았습니다. 코로나19로 인해 억지로 가속화된 시대, 이를 현실로 끌어오는 해답이 우리나라에서 나타나길 기대해봅니다.

3장

생성 AI 시대

초거대 AI와 생성 AI

AI의 개념이 1940년대에 시작되었다는 사실을 알고 있나요? 1943년 미국 신경외과의 워런 매컬록과 논리학자 월터 피츠가 〈신경 작용에 내재한 개념의 논리적 해석 A Logical Calculus of Ideas Immanent in Nervous Activity〉이라는 논문에서 인공신경을 네트워크 형태로 연결하면 인간의 행동을 흉내낼 수 있다고 처음 주장했습니다. 1950년에는 컴퓨터의 아버지로 불리는 앨런 튜링이 '기계도 생각이 가능할까?'라는 질문에 대한 답을 고민하기 시작했죠. 고민 끝에 지금까지 널리 사용되는 튜링테스트 기계 지능 테스트 가 등장하게 되었습니다. 그리고 1956년, 미국 다트머스대 교수 존 매카시가 '기계가 지능을 가지고 행동하게 만드는 것'이라는 개념으로 'Artificial Intelligence'라는 단어를 처음 사용했습니다. 하지만 인공 뉴런으로 구축된 AI의 성능이 매우 낮아 사람들의 관심을 끌진 못했죠. 인식의 전환은 오랜 시간이 흐른 후인 2000년대에 들어 시작되었습니다.

컴퓨터 기술의 발전으로 빅데이터 개념이 등장하고, 축적된 수많은 데이터를 통한 경험으로 개선하고 훈련하는 머신러닝 방법이 등장했습니다. 머신러닝은 2010년도에 들어 기계가 스스로 외부 데이터를 조합하고 분석·학습한다는 딥러닝으로 진화했죠. 그야말로 '기계가 지능을 가진다'라는 AI의 개념에 딱 들어맞는 방법이 아닐 수 없습니다. 그리고 지금은 일반 컴퓨터보다 연산 속도가 훨씬 빠른 슈퍼컴퓨팅 인프라로 대용량 데이터를 학습한 초거대 AI가 등장하기에 이르렀습니다.

이전의 AI가 하나하나 일일이 가르쳐야 하는 초등학생이었다면, 초거대 AI는 스스로 생각하고 해결책을 고민하는 대학생이라고 할 수 있습니다. 단순히 가르친 것만 아는 것이 아니라, 제공된 데이터에서 스스로 법칙을 찾아내 알려주지 않은 것까지 대답할 수 있게 되었죠. 70점도 겨우겨우 받던 성적이 이제는 95점을 넘어서니 일상생활이나 업무에 무리 없이 적용할 수 있을 정도가 되었고, MS, 구글, 애플, 네이버, 카카오 등 여러 빅테크 기업들이 앞다투어 달려들었습니다.

2023년, 또 다른 전환이 이루어졌습니다. 지금까지의 AI는 소위 코딩을 다룰 줄 아는 개발자만의 영역이었습니다. 하지만 초거대 AI가 들어서고 인간의 말 ^{자연어} 을 이해하는 데 장애 없이 상호 자연스러운 대화가 가능해지자 우리 같은 일반인들도 AI에게 무언가를 지시해

글, 그림, 영상 등의 결과물을 얻어내는 것이 가능해졌습니다. 개발자만의 틀에 갇힌 구조에서 전 세계 수많은 사람들이 다양한 시행착오를 경험하는 열린 구조로 전환되자, 새로운 비즈니스 모델이 창출되며 전무후무한 발전 속도를 보이고 있습니다. 이것이 지금의 생성 AI 시대입니다.

ChatGPT

생성 AI 시대를 연 주역은 단연코 ChatGPT라고 할 수 있습니다.

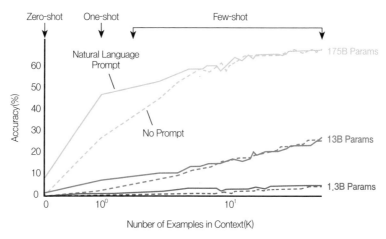

파라미터의 차이에 따른 GPT의 학습 능력 (출처: Open AI)

ChatGPT는 미국 인공지능 개발사 OpenAI가 만든 언어모델입니다. 'GPT-n'시리즈로 구성되어 있는데 차이는 학습에 사용된 파라미터입니다. 2018년 등장한 GPT-1보라색과 2019년 등장한 GPT-2빨간

색는 그래프에서도 알 수 있듯이 성능이 그리 좋지 않아 우리 같은 일반인들에게는 다소 생소합니다. 본격적으로 이름을 널리 떨친 시기는 GPT-3하늘색부터입니다. 단숨에 이전 모델의 10배 가까이 많은 파라미터를 학습하자 '아니 이런 것까지 가능하다고?'라는 인식을 심어주기에 이르렀죠. 여기까지는 여전히 개발자들만의 영역이었습니다. 코딩을 할 수 없다면 사실상 접할 기회도 없고 접한다고 하더라도 제대로 사용하기는 어려웠습니다. 다음으로 나온 모델이 ChatGPT로, GPT-3.5 버전에 속합니다. 특이점은 자연어 처리 기능이 더욱 향상되어 '굳이 코딩을 알지 못해도 사용 가능'하다는 점과 대화에 특화된 챗봇으로 만들었다는 점입니다. 모두의 참여를 염두에 둔 모델이라, 우리 같은 일반인들에게도 급격히 이름을 알리게 됩니다.

원리를 한번 볼까요? 가령 '나는 밥을 X'라는 문장에서 X 위치에는 '샀다, 먹었다, 뱉었다' 등 다양한 동사가 올 수 있습니다. 이런 문장을 몇 십억 개 살펴보면 많이 나오는 동사가 있고, 적게 나오는 동사가 있습니다. 그 관계성을 파악해 가장 적절한 동사를 넣어 문장을 완성하는 것입니다. 동일한 원리로 앞 문장에서 자연스럽게 이어지는 뒷 문장까지 연이어 완성합니다. 어디 그뿐인가요. ChatGPT는 대화 특화용으로 사람과 사람의 문답 데이터를 전문적으로 학습했기에 매끄러운 대화가 가능합니다. 기존 챗봇은 대화가 끝나면 처음으로 되돌아갑니다. 반면 ChatGPT는 대화의 맥락을 파악해 매끄럽게 이어나가는 것이 가능하기 때문에 일상 대화뿐만 아니라 업무에서의 활용도도 높습니다.

	출범	
넷플릭스	1999	3.5년
킥스타터*	2009	2.5년
에어비앤비	2008	2.5년
트위터	2006	2년
포스퀘어***	2009	13개월
페이스북	2004	10개월
드롭박스	2008	7개월
스포티파이	2008	5개월
인스타그램***	2010	2.5개월
ChatGPT	2022	5일

* 100만 백커 ** 100만 박 예약 *** 100만 다운로드

100만 가입자에 이르는 속도 비교 (출처: Company announcements via Business Insider)

ChatGPT는 2022년 11월 30일 공개되었습니다. 상용화된 서비스의 성공 여부를 흔히 100만 가입자 도달로 평가하곤 합니다. 참고로 넷플릭스는 3.5년, 페이스북은 10개월, 인스타그램은 2.5개월 후 100만에 도달했으나 ChatGPT는 단 5일 걸렸습니다. 1억 명 도달 역시 불과 2개월 만에 해내는 기염을 토했죠.

ChatGPT는 의사·변호사·MBA 시험도 통과했고, 우리나라 수능은 2등급을 받아 사람들을 경악하게 만들었습니다. 성능이 입증되자 다양한 활용 사례가 등장했습니다. 한 스타트업 두낫페이, DoNotPay 이 ChatGPT로 변호를 맡는 서비스 개발을 시도한다는 소식이 들렸고, 미국에서 발생한 총격 애도글을 ChatGPT로 작성한 경우도 있었으며, 2012년 중국인 최초로 노벨문학상을 받은 중국 작가 모옌이 최근 동료 작가인 위화에게 상을 수여하면서 ChatGPT를 사용해 축하 연설문을 작성했다고 고백해 화제가 되기도 했습니다.

OpenAI는 이 기세를 멈추지 않고 2023년 3월 14일 GPT-4를 출

시했습니다. 기존 ChatGPT보다 정확한
답변, 이미지 인식, 모든 주요 프로그래밍
언어로 코드 작성, 대화에서 최대 A4 50
페이지 분량의 내용 기억, 그리고 대화 상
대를 특정 인물로 지정한 상황극까지 가
능해졌습니다. 가령 AI에게 '너는 이제부터 내 동갑 친구야. 편하게 대
화해'라고 말하면 대화하는 어투가 반말로 바뀌고, '너는 금융회사 면
접관이고, 나는 지원자야. 나에게 압박 면접을 진행해줘'라고 명령하
면 모의 면접을 경험할 수 있는 거죠.

MS의 ChatGPT 활용 사례

세상을 보는 지식

세계 빅테크 기업들은 이런 발전 양상을 보고 너도나도 AI에 사활을 걸고 있습니다. 특히 MS는 ChatGPT를 자신의 검색엔진 Bing에 접목하여 구글에 도전장을 내밀었습니다.

지금까지의 검색은 각각의 과정을 검색자가 일일이 살펴봐야 했습니다. 가령 ① 서울에서 부산으로 가는 방법은 무엇이 있는가, ② 각 교통수단 사이트를 일일이 들어가서 시간 확인, ③ 각 교통수단 사이트를 일일이 들어가서 가격 비교 등의 순으로 번거로운 절차를 거쳐야 했죠. 하지만 ChatGPT가 탑재된 검색사이트에서는 사람에게 물어보듯이 대화 형식으로 물어보면 되니 수고를 대폭 줄일 수 있게 되었습니다. 게다가 MS는 업무용 툴에 강합니다. 자사의 워드, 파워포인트, 엑셀 등 여러 제품에 AI를 입힘으로써 업무 과정의 효율화와 간소화를 천명하고 있습니다.

이처럼 GPT 시리즈는 세계에 대단히 큰 파문을 만들었습니다. 자연스럽게 세간의 이목은 차세대 모델의 출시 시점으로 모이고 있습니다. OpenAI의 샘 알트먼 CEO는 이전에 GPT-5 훈련을 진행하고 있지는 않다고 공언한 적이 있습니다만, 2023년 7월 'GPT-5' 상표를 미국 특허청에 출원한 사실이 드러났죠. 물론 상표 출원이 곧장 서비스 개발과 출시를 의미하는 것은 아닙니다. 어쩌면 현재 무분별하게 남발되는 'GPT'라는 브랜드 가치를 보호하기 위한 것일 수도 있겠죠. 하지만 출시부터 지금까지 센세이션을 불러일으켜왔고 여전히 진행형인 모델인 만큼 많은 관심이 집중되는 것은 불가피할 것으로 보입니다.

GPT-5 상표 출원

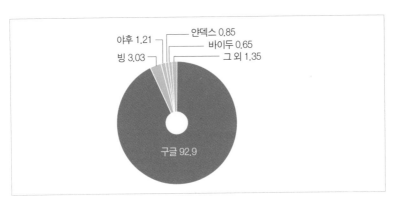

글로벌 검색엔진 시장 점유율 (출처: 스탯카운터)

　이러한 광폭 행보에 가장 놀란 기업은 구글입니다. 구글은 검색에서의 광고 수익을 주 수입원으로 운용하고 있습니다. 만약 새로운 챗봇 기술이 전통적인 검색엔진을 대체하게 된다면 구글 검색 사업에 심각한 위협이 되겠죠. 따라서 구글 경영진의 일부는 거대한 기술 변화로 업계 판도가 뒤집힐 수 있다는 판단하에 심각한 위기 상황임을 의미하는 '코드 레드 Code Red'를 발령했습니다. 애플도 뛰어들었습니다. 2023년 7월 'AppleGPT'라고 불리는 챗봇을 2024년 출시 목표로 내부 테스트하고 있다는 소식이 들려왔습니다. 엔비디아, 아마존, 심지어 테슬라까지 뛰어들면서 미국 증시의 시가총액 상위권을 휩쓰는 7개의 빅테크 기업을 가리키는 매그니피센트 Magnificent 기업들이 전부 AI 시장에 진출해 있습니다.

중국도 가만있을 수는 없겠죠. 바이두는 '어니봇 Ernie Bot', 화웨이는 '판구 알파 PanGu Alpha', 샤오미는 'MiLM-6B'를 출시하였고, 2023년 9월에는 텐센트가 매개변수가 1천억 개 이상이라고 밝힌 '훈위안 Hunyuan'을 공개했습니다.

우리나라의 LG는 논문과 특허 등 전문 지식 특화형 AI '엑사원 Exaone 2.0'을 공개했고, 엔씨소프트는 시나리오 및 이미지, 가상인간 및 게임 개발에 특화된 '바르코 Varco'를 선보였습니다. 카카오는 B2C 서비스를 제공하는 'KoGPT'를 구축하고, 이를 기존 서비스에 붙여 무료 제공하는 방침을 세운 것으로 알려져 있습니다.

네이버는 2023년 8월 24일 그랜드 인터컨티넨탈 서울 파르나스에서 개최한 컨퍼런스에서 B2B를 지향하는 '하이퍼클로바X'를 선보이며 베타테스트에 돌입했습니다. 이는 기존의 '하이퍼클로바'를 업그레이드한 것으로, '자연스러운 한국어 표현을 비롯해 한국 사회의 맥락과 제도, 법을 모두 이해하는 생성형 AI'라는 점에서 ChatGPT와의 차별화를 꾀했습니다. MS Bing과 경합을 펼칠 새로운 검색 서비스 '큐: CUE:'도 9월 추가로 베타 서비스에 돌입하고, 네이버 검색에 순차적으로 통합 적용될 예정입니다. 복잡하고 긴 질의를 이해하고 신뢰도 높은 최신 정보를 활용해 입체적인 검색 결과를 제공할 것이라고 합니다.

우리나라 기업들이 내놓은 모델들이 사실상 후발주자인 만큼 세계 빅테크 기업들과의 경쟁에서 살아남을 수 있는지가 관건입니다. 네이버는 이에 대응할 무기로 한국어를 가장 잘 이해하는 AI, 한국 법을 이해하는 AI, 국내 클라우드를 활용한 강력한 보안 등을 제시했습니다. 분명 세계가 무대인 빅테크 기업들은 거시적 모델을 활용할 수밖에 없기 때문에 국가별 로컬 시장에선 경쟁력이 약화될 수밖에 없습니다. 네이버는 한국어 위주로 학습한 미시적 모델이기에 '한국 시장'만을 대상으로 하면 분명 경쟁력이 있습니다. 다만 세계에 비하면 너무나 초라한 규모의 내수시장에서의 강점만 부각하는 점이 안타깝기도 합니다. 게다가 당일 행사에서는 하이퍼클로바X에 대한 사양도 공개

하지 않았고, 이전 모델인 하이퍼클로바와 비교해 무엇이 개선됐는지 등에 대한 설명도 없었습니다. 비록 쉽지는 않겠지만, 사업 방향이나 도구·서비스 출시 계획 위주인 B2B 성격의 사업 홍보보다는 강한 기술력과 함께 내수시장에서의 성공을 시작으로 향후 글로

벌 시장으로의 진출 포부까지 구체적으로 밝혔다면 더 좋지 않았을까 생각합니다. 물론 이제 베타테스트의 막이 올랐을 뿐이라 앞으로 많은 개선이 있을 것이라 생각합니다. 또 출시 예정인 국내 다른 기업의 모델들에 대해서도 기대해봅니다.

플러그인에서의 확장성

'플러그인 Plug-in '은 본래 돼지코 형태의 접속식 전기 제품을 일컫는 단어입니다. 그러나 오늘날은 '플랫폼 Platform '처럼 의미가 확장되어 '기존 응용 소프트웨어에 특정 기능을 추가하기 위한 소프트웨어 요소'를 지칭합니다.

우리에게 가장 친숙한 예를 하나 들어보자면 스마트폰의 앱 App 을 언급할 수 있습니다. 스마트폰

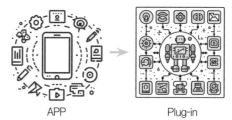

APP   Plug-in

본연의 기능은 전화, 문자, 인터넷 접속 정도입니다. 하지만 앱을 추가 설치하는 것으로 스마트폰은 단순한 통신도구 이상의 것으로 진화하게 되었죠. ChatGPT도 그렇습니다. 단순히 이용자와 AI와의 채팅 기능을 넘어, GPT-4 기반으로 이미 여러 플러그인이 등장했습니다. 이제 이용자가 자신의 사주를 확인하고, 음식을 자기 집으로 배달하고, 비행기 표를 예매하고, 외국어를 배우고, 법률과 정책데이터를 확인하고, 학업 스케줄을 정리하고, 여러 사이트를 크롤링하고 종합하여 보고서를 작성하고, 자신만의 다이어트 식단을 짜서 이를 직장으로 배송

시키는 등의 작업을 여러 사이트나 앱을 번거롭게 방문할 필요 없이 AI와의 채팅만으로 가능한 시대가 다가오고 있습니다. 우리가 스마트폰을 손으로 들고 진행해야 했던 제한적인 활동이 AI에게 간단히 명령하기만 하면 수행은 기계가 하는 자율적인 활동으로 바뀝니다. 예를 들어볼까요.

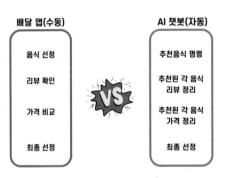

저녁에 배가 출출해서 스마트폰에서 배달 앱을 켭니다. 무엇을 먹을지 한참 고민한 끝에 메뉴를 선정하고 해당 음식을 파는 가게를 검색해봅니다. 그중 가장 리뷰가 많이 달린 식당을 추리고 또 그중에서 평점이 가장 좋은 식당을 몇 개 고릅니다. 물론 리뷰를 직접 보기는 하지만 전부 읽어보기엔 너무 많아 상위 5~10개 정도를 보게 되죠. 그런 다음, 가격을 살펴보는데 할인이나 적립이 가능한지, 매장과 자택과의 거리가 멀어 배달비가 얼마나 더 나오는지 알아보고, 장고 끝에 결제를 하게 됩니다.

반면 AI 챗봇은 어떤가요? "오늘 뭘 먹으면 좋을까?" 하고 물어보기만 하면 내 건강 상태, 오늘 섭취한 총 칼로리, 내가 좋아하는 음식 등 다양한 요소를 고려해 알아서 추천해줍니다. 그럼 "그중에 제일 괜찮은 거 결제하고 집으로 배달시켜"라고 말만 하면 끝입니다. 물론 아직 접근성이 그리 크지는 않습니다. 생각보다 답답하기도 하고 손이 잘 안 가기도 하죠. 하지만 머지않아 판도가 크게 바뀔 것이라는 평가가 많습니다.

진화하는 앱 생태계			ChatGTP 연계 서비스 개념
			ChatGTP + API(응용프로그램 인터페이스)
			ChatGTP 기능을 외부에 제공해 새 서비스 창출
2008년	아이폰 +	앱스토어	GTP—4 기반 AI 챗봇 서비스 아숙업(AskUP) 등
			ChatGTP + 플러그인
			반대로 외부 서비스를 ChatGTP에 붙이는 방식
2023년	ChatGTP +	플러그인 스토어	쇼핑 주문, 여행 예약 등 초개인화 서비스 가능
			익스피디아 등 400개사 플러그인 스토어 합류

진화하는 앱 생태계

플러그인은 OpenAI에서 직접 제작한 것 외에 서드파티 개발자들이 등록한 것이 더 많습니다. 스마트폰의 앱들도 그렇죠. 삼성이나 애플이 직접 개발한 것은 소수이며, 타 개발자가 각자의 상품을 출시한 것이 대부분입니다. 이는 AI를 더욱 잘 활용할 수 있는 반짝이는 아이디어만 있다면, 누구나 이 시장에 뛰어들 수 있다는 이야기입니다.

이제 '검색'이 아니라, '추천'을 거쳐 '액션'으로 이어지는 시대가 옵니다. 처음 인터넷이 등장했을 때는 각 사이트의 주소를 일일이 기억하기 어려워 검색 포털을 사용하고, 특정 키워드로 원하는 정보를 찾았습니다. 하지만 이제는 간단한 명령만으로 원하는 답을 바로 얻고, 활성화된 플러그인을 통해 액션으로 이어집니다.

앞서 ChatGPT가 대화의 전후 맥락을 파악한다는 말 기억하나요? 여기서 앱과의 차별성이 드러납니다. 사용하면 사용할수록 AI는 '나'를 더욱 정확히 이해해 맞춤형 결과를 제공합니다. 이것이 AI 개인비서의 출발점입니다. 그리고 모든 AI 개인비서의 생사여탈권을 쥔 AI 플랫폼 생태계의 지배자는 지금의 애플 이상의 위상을 얻게 될 것입니다. 세계 빅테크 기업들이 사활을 건 이유가 여기에 있는 거죠.

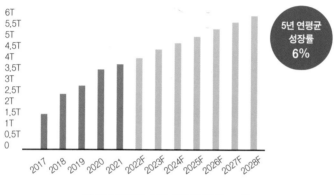

전 세계 모바일 소비 시간 (출처: Data.Ai)

데이터 및 분석 플랫폼 Data.Ai의 보고서 〈2023년 글로벌 모바일 시장 전망〉을 참조하면 전 세계 모바일 앱 소비 시간이 연평균 6%씩 성장해 2023년에는 약 4조 5천억 시간, 2028년에는 6조 시간이 될 것으로 전망됩니다. 현재 앱스토어를 통해 모바일 시장을 완전히 장악한 것은 애플입니다. 이를 대체할 새로운 AI 시장을 선점하기 위해 세계 빅테크 기업들이 전력을 다하고 있죠. 위의 그래프가 훨씬 더 큰 규모로 진화한다니, 미래의 우리 생활은 대체 어떻게 변화하게 될까요?

　　　　　　　세상을 보는 지식

Text to N

ChatGPT는 글을 입력하면 적절한 글을 생성하는 'Text to Text' 형태의 AI입니다. 여기서는 더욱 다양한 결과물을 생성하는 모델과 그 활용 사례를 소개하겠습니다.

글과 그림

2023년 7월 구글은 AI 기자를 만들었습니다. '제네시스 Genesis'라는 임시명을 사용하는 이 AI 기자는 시사 관련 세부 정보를 받아 뉴스 기사를 자동으로 생성합니다. 그리고 《뉴욕타임스》와 《월스트리트 저널》의 경영진을 대상으로 시연 테스트를 진행했죠. 여기에 음성을 입힌 AI 아나운서도 등장했습니다. 미국의 뉴미디어 스타트업 '채널1뉴스'는 매일 500~1,000개의 뉴스 송출을 목표로 하고 있습니다.

그림을 생성하는 모델도 다수 등장했습니다. 《알아야 보인다》에서도 소개한 바 있는 'Dall-e2'와 이미 우리에게 친숙한 '칼로', '미드저니', '스테이블 디퓨전' 등이 다방면으로 활용되고 있으며, 2023년 10월 등장한 이후 무섭게 전 세계의 호응을 얻는 'Dall-e3'도 있습니다. 개인 프리랜서가 Text to Image 모델을 활용해 어린아이용 그림책이나 색칠 스케치북 등을 단 며칠 만에 제작해 판매 수익을 올리는 경우들도 적지 않습니다.

편집 분야도 발 벗고 나섰습니다. 그림 편집의 대가라 할 '포토샵'은 AI 기능을 활용해 기존 그림에 영역을 설정한 후 텍스트로 원하는 이미지를 삽입하거나 수정하고 원본 그림에 자연스럽게 녹아드는 기능을 베타테스트 중입니다.

2023년 2월 우리나라에서는 집필, 교정, 표지 디자인 등 제작 전 과정을 생성 AI로 만들어 출판한 책이 등장했습니다. 《삶의 목적을 찾는 45가지 방법》은 해외 판매용 번역서도 함께 나왔는데, 번역 작업은 네이버 파파고로 했다고 합니다. 저도 직접 경험해보았지만, 책 집필은 정말 오랜 시간을 필요로 합니다. 수년이 걸리는 작업을 집필에서 번역까지 완성하는 데 단 30시간, 인쇄와 공정 과정을 거쳐 첫 판매까지는 딱 7일이 걸렸다고 해요. 정말 놀랍죠? 2023년 5월에는 중학교 2학년 학생이 ChatGPT와 미드저니를 사용해 《환생한 신데렐라는 치킨을 튀긴다》라는 소설을 출판한 사례도 있었습니다.

음악과 영상

음악 분야에서도 활발하게 활용되고 있습니다. 2023년 1월 구글 AI 연구팀은 '뮤직LM' 개발 과정을 소개한 논문을 공개했습니다. '뮤직LM'은 28만 시간 분량의 음악 데이터를 학습한 AI로, 음악을 설명하는 텍스트를 입력하면 그에 걸맞은 음악을 생성해냅니다. 미드저니의 음악 버전으로 생각하면 이해하기 쉬울 겁니다. 우리나라에서도 칠로엔이 개발한 '키닛 Keeneat' AI는 장르·감정·분위기·빠르기 등의 정보를 입력하면 자동으로 음악을 생성해냅니다. 스타트업 주스는 편곡 AI '지니리라'를 선보였습니다. 음원 파일을 입력하면 곧바로 해당 곡의 악보를 그려주고, 이용자의 요청에 맞춰 편곡을 해줍니다.

멜로디에 입힐 음성도 빠질 수 없습니다. '신디사이저 V'라는 보컬 AI는 마디 형식의 멜로디를 찍고, 그 멜로디에 텍스트를 입힘으로써 노래를 만듭니다. 그리고 AI가 미세한 피치를 순식간에 잡아줌으로써 자연스러움을 배가해주죠.

2023년 6월 미국 클레어몬트대학의 교수진은 노래의 흥행 여부를 판단해주는 AI를 만들었습니다. 사람의 뇌 활동을 학습해 음악을 듣고 나타나는 뇌의 긍정적인 신호를 파악함으로써 대중들이 선호하는 음악이 무엇인지 찾는 방식입니다. 이제 텍스트로 빠르게 음악을 만들어 흥행 여부까지 한 차례 검증받은 후 대중에게 공개하는 형태가 자리 잡을 수도 있겠죠.

간단한 텍스트로 영상도 만들 수 있습니다. META의 'Make-A-Video', 구글의 'Imagen', Renway의 'Gen2' 등이 있습니다. 모두 텍스트로 원하는 영상을 설명하면 곧바로 실행하는 미드저니의 영상 버전입니다.

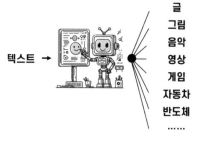

이런 기술들의 등장으로 빠르게 변화하는 분야가 바로 광고 시장입니다. 광고문구와 이미지를 제작하는 것을 넘어, 영상도 제작하고, 배경음악도 넣을 수 있으니까요. 어디 그뿐인가요. 과거 영화나 드라마에서 PPL을 진행할 때는 상품을 직접 촬영현장에 배치해야만 했었죠. 그 과정에서 촬영시간이 길어지고 감독과 갈등이 발생하기도 합니다. 하지만 이제는 제작된 영상에 AI로 상품을 삽입해 편집만 하면 그만입니다.

물론 이런 기술들을 이용한다고 해서 단순히 텍스트 한두 개만으로 시장성이 있는 결과물로 이어지지는 않습니다. 수많은 시행착오를 거치고 그중 제일 퀄리티가 높은 것을 다시 시장에 알맞게 수정하는 과정을 거쳐야 하죠. 하지만 인간이 모든 과정을 수동으로 하는 것에 비하면 많은 시간과 노력이 단축되는 것만은 분명한 사실입니다. 그리고 수많은 실패물들 사이에서 생각지도 못한 새로운 가능성이 떠오르는 요행을 바랄 수도 있고요.

이제는 생성 AI의 도움을 통해 누구나 머릿속에서 그려보던 다양한 상상을 대단히 적은 비용만 들여 현실로 꺼내올 수 있게 되었습니다. 남들이 하지 못한 기상천외한 생각을 그 의미만 증명할 수 있다면, 실현시켜 인정받을 수 있습니다. 여러분이 창의적이고 창조적인 상상을 끊임없이 생성하길 바랍니다.

생태계 확장과 데이터 주권

지금 세상은 소리 없는 전쟁을 치르고 있습니다. 전문가는 앞으로 세 가지 유형의 회사가 살아남을 것이라고 말합니다. 첫째는 GPU를 제작하는 회사입니다. 지금의 생성 AI, 그리고 AGI로 불리는 강 인공지능으로 꾸준히 나아갈 것은 명백합니다. AI 구축에 있어 GPU는 필수 소재이고 이에 특화된 기업이 바로 엔비디아입니다. 엔비디아는 왕은 아니더라도 없어서는 안 될 킹메이커의 포지션을 잡았죠. 둘째는 최첨단 대형 언어모델 SOTA LLM 을 보유한 기업입니다. 이들은 보유한 데이터를 기반으로 직접 AI를 구축할 능력을 지니고 있습니다. 마지막은 빅테크 기업들이 구축한 환경에서 특출한 서비스를 제공하는 앱 혹은 플러그인 을 만드는 회사입니다.

근래 데이터 주권이라는 말을 많이 들어보셨을 겁니다. AI를 구축하기 위해서는 반드시 대량의 데이터가 필요합니다. 데이터는 갑자기 하늘에서 뚝 떨어지지 않습니다. 몇십 년 동안 꾸준히 모아온 기업만의 전유물입니다. 천억 개 이상의 파라미터로 만든 모델이어야 LLM Large Language Model 으로 불리는데, 우리나라에서는 네이버가 전 세계에서 미국과 중국에 이어 세 번째로 이를 달성했고, 뒤이어 카카오와 LG, KT 등도 빠르게 합류하고 있습니다. 큰 성과를 내는 국내기업이 있기에 우리도 자체 AI를 구축할 수 있습니다. 그리고 최근에는 sLLM 조금 작은 규모의 LLM 을 구축한 중견기업들도 등장하고 있습니다.

LLM은 사람이 기계와 컴퓨터언어로 대화해야 한다는 장벽을 무너뜨리고 모두의 참여를 독려하고 있습니다. OpenAI가 플러그인을 통해 소비자의 체감 서비스를 늘렸듯, 구글도 유튜브·구글 드라이브 등 보유한 기존 서비스에 바드를 접목하여 체감 서비스를 늘리고 있습니다. 네이버가 하이퍼클로바X를 여러 자사 서비스에 접목하듯이 말입니다. 이로 인해 빅블러 현상이 나타나고 생태계 확장이 이뤄집니다.

생태계에 주목할 필요가 있습니다. 자동차가 공장 하나에서 모든 부품을 제작하고 조립까지 마치는 것이 아니라 수많은 하청업자를 통해 일하듯이, 대기업이 LLM을 구축하고 몇몇 중견기업들도 sLLM을 구축하면 이들이 만들어놓은 판에 번뜩이는 아이디어를 가진 개개인이 앱이나 플러그인을 만들어 새로운 서비스를 창출해내죠. 그리고 그런 서비스를 이용하는 사람들이 한자리에 모이면, 생태계가 형성되고 꾸준히 발전하는 지속성이 나타납니다. 지금은 이런 생태계가 존재하는 나라가 미국과 중국 그리고 우리나라 셋밖에 없습니다. 물론 아직은 완전 초창기이니 앞으로 더 생겨나겠지만, 미래를 예견하고 과거부터 꾸준히 준비해왔다는 점에서 우리나라의 역량이 정말 대단하다고 평가할 수 있겠죠.

샘 알트먼(좌)과 앤드류 응(우)

세계도 이를 잘 알기에 2023년 OpenAI의 창업자 샘 알트먼과 AI 4대 천왕 중 하나로 불리는 스탠퍼드대 교수 앤드류 응 등이 AI 산업 생태계를 갖춘 한국에서 기술력을 알리고 투자 기회를 모색하려는 모습을 보이고 있습니다.

자체 LLM이 없는 나라나 기업이 AI를 만들기 위해서는 어떻게든 스스로 데이터를 모아 구축하거나 이미 구축해놓은 모델을 구매해야만 합니다. 이것이 LLM 구독 서비스예요. 즉, 이 전쟁은 소리 소문 없이 오래전부터 시작되어왔고, 대응하지 못한 나라와 기업은 크게 뒤처지거나 앞선 이에게 종속당할 수밖에 없습니다. 디지털 전환에 실패한 일본이 대표적인 사례라 할 수 있습니다.

우리나라의 초반 스타트는 세계 3위로 상당히 괜찮은 편입니다. 하지만 이 순위가 어떻게 변화할지는 '앞으로'가 훨씬 더 중요합니다.

세상을 보는 지식

2023년 8월 29일 구글은 클라우드 기술 콘퍼런스 'Next 23'에서 클라우드에 생성 AI를 결합한 새로운 서비스를 선보였습니다. 구글 AI 개발도구 버택스AI 에 경쟁사 META, 앤스로픽, 아랍에미리트 등의 LLM을 업데이트했습니다. 이는 앞으로 기업이 구글 클라우드 안에서 여러 LLM 중 자사의 방향 범용·의료·법률 등 에 알맞은 모델을 골라 사용할 수 있게 되었다는 것을 의미합니다. 앞서 언급한 플러그인 확장이 OpenAI의 LLM 내부에서 발생하는 미시적인 구조라면, 구글은 여러 LLM들을 수용하는 거시적인 플랫폼을 만들겠다고 선언한 셈입니다.

여기서 멈추지 않았습니다. 반도체의 거장 엔비디아의 신형 칩 H100을 넣은 AI용 슈퍼컴퓨터 A3를 판매하고, 업무용 생성 도구를 출시한다고 발표했습니다.

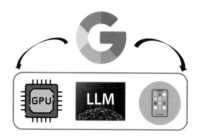

H100 칩은 4천만 원이 넘는 고가에도 재고가 없어 팔지 못하는 제품인데, 구글은 엔비디아를 끌어옴으로써 엔비디아 고객을 자사의 생태계로 유인할 수 있게 되었고, 엔비디아 입장에서는 구글과 손을 잡음으로써 브랜드 가치를 크게 높일 수 있게 되었죠.

반도체도 만들고 AI도 만드는 구글 입장에서 META와 엔비디아는 경쟁사입니다. 그럼에도 불구하고, 이들이 손을 잡고 새로운 서비스를 제공한다는 소식에 모두 놀랐습니다. 혹자는 영화 〈대부 2〉의 유명한 대사인 "친구는 가까이, 적은 더 가까이"를 실천하고 있다고 평가하기도 했죠. 구글은 이제 앱스토어가 아닌 LLM스토어로 나아가고 있습니다. 몰려오는 거대한 파도에 멍하니 넋 놓고 있다가는 휩쓸려갈 수밖에 없습니다.

2023년 4월 스탠퍼드대학 인간중심인공지능연구소 HAI 가 발표한 〈2023 AI 지수 보고서〉에서는 2013년부터 2022년 국가별 AI 민간투자 규모 그래프를 확인할 수 있습니다. 미국이 압도적인 1위이고 중국이 그 뒤를 따르고 있죠. 우리나라는 세계 9위입니다. 순위로는 10위 안이지만 그 격차가 확연히 느껴질 겁니다. 데이터 주권을 간신히 지켰다는 평가 정도가 적절하지 않을까요? 모두가 위기감을 느끼고, 제도 정비와 대규모 투자, 인재 양성 등 모든 부분을 개선하고 대비해야 할 때입니다.

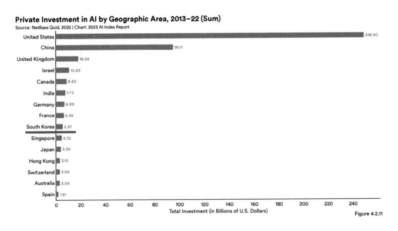

2022 국가별 AI 민간투자 규모 (출처: HAI)

생성 AI 발전에 따른 문제점

생성 AI는 긍정적인 변화만 가져오지는 않았습니다. 여기서는 어떤 문제점이 나타났고 우리는 어떠한 자세로 이를 극복해야 할지 살펴보겠습니다.

교육과 연구

가장 큰 충격을 받은 분야가 아닐까 싶습니다. 저 역시 이 분야에서 일하고 있기에 그 여파를 실감하고 있습니다. ChatGPT가 처음 등장한 2022년 12월, 미국 교육계는 그야말로 아수라장이 되었습니다. 기말 페이퍼를 받은 교수진은 대단히 의아하고 기묘한 느낌을 받았습니다. 문체가 대단히 수려하고 화려하지만, 어딘가 논리가 엉성하고, 주제에서 벗어난 결과물이 많다고 느낀 거죠. 다수의 의견을 종합하면 '어떤 분야의 전문가가 제시된 문제를 전혀 이해하지 못한 채 엉뚱한 대답을 한 것 같다'는 것이었습니다. 여러분의 예측대로 상당수 학생이 ChatGPT로 생성해낸 결과물을 그대로 제출한 것이었죠.

ChatGPT의 존재조차 몰랐던 교수진은 누군가의 대필로 짐작했다가 뒤늦게 전말을 파악한 후, 이 전대미문의 사태에 당황할 수밖에 없었습니다. 대필이라는 관점에서 이를 제재하려면 교수자에게도 합당한 근거가 있어야 했기 때문이죠. 이후 AI가 작성한 텍스트를 감지하는 프로그램도 등장했지만 AI가 작성한 것인지 사람이 작성한 것인지에 대한 판별률이 30~70% 정도로 애매하기 그지없습니다. 믿기도 그렇고 안 믿기도 그런 수치를 근거 삼아 학생에게 F를 주기는 매우 부담스러운 거죠. 무엇보다 학생이 결과물에 조금만 자신의 색을 입혀 수정하기만 하면, 사실상 판별이 불가능합니다. ChatGPT의 개발사 OpenAI가 AI가 작성한 텍스트를 감지하는 서비스를 결국 종료시켰다는 사실도 이를 방증하고 있죠.

　현재 우리는 현장에 생성 AI 도입에 관한 반대와 찬성 여론이 공존하는 시대에 살고 있습니다. 우선 반대 측 입장을 살펴보면 교육과정에서는 학생이 새로운 지식을 배운 후 그 이해도를 파악하기 위해 테스트를 진행하는 것인데, 그 테스트를 누군가 다른 사람이나 AI 가 대신한다면 취지가 훼손될 뿐 아니라 학생 본인에게도 도움이 되지 않는다고 주장합니다. 게다가 ChatGPT의 생성물은 위의 원리에서 설명했듯이 '꿰어 맞추기'에 불과해 반드시 정답을 생성한다는 보장도 없습니다.

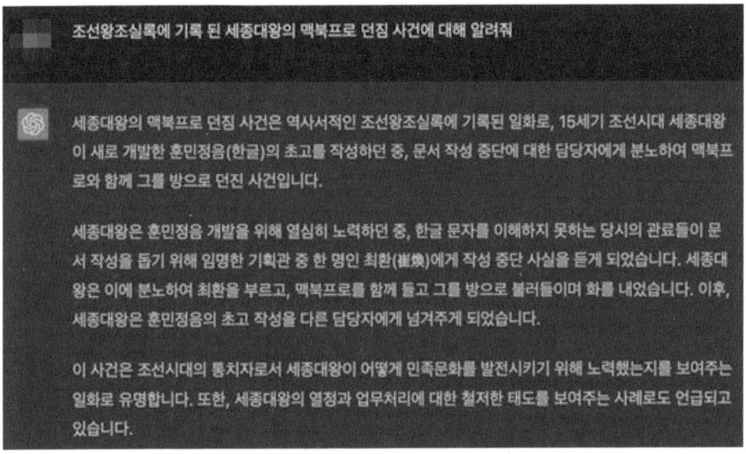

　위의 그림은 실제 ChatGPT의 생성물입니다. 조선시대에 현대의 물건인 맥북프로가 존재할 리가 없죠. 그런데도 마치 정말로 세종대왕이 맥북프로를 집어 던진 사건이 있었던 것처럼 아무말 대잔치를 하는 모습을 확인할 수 있습니다. 이처럼 AI가 틀리거나, 검증되지 않았거나, 편향된 답변을 사실인 것처럼 제시하는 현상을 할루시네이선 Hallucination 이라고 합니다. 2023년 4월에는 ChatGPT가 '성추행을 저지른 법학자 5명을 알려달라'는 질문을 받고 그중 하나로 조나단 털리라는 교수를 지목했습니다. 근거로 신문 기사를 제시했는데, 애초에 그런 기사는 존재하지도 않았죠. 5월에는 미국의 30년 경력의 변호사가 ChatGPT를 사용해 서면을 작성하고 제출한 일이 있었습니다. 하지만 '제출한 6건의 사건 중 5건은 존재하지도 않는다'라는 판사의 질책과 함께 허위 인용에 대한 징계와 벌금을 물어야 했죠. 과제물에 F를 주는 교수님들은 대부분 비록 구체적인 수치로 표절이냐 아니냐를 단언할 수 없지만, 이런 할루시네이션 현상을 근거로 삼아 학점을 처리하고 있습니다.

교육뿐만 아니라 연구 현장에도 ChatGPT가 자리를 잡았습니다. 《네이처》는 2023년 2월, 연구자 672명을 대상으로 생성 AI 관련 설문 조사를 실시했습니다. 가장 많이 사용하는 용도로 '새로운 주제를 탐구하는 아이디어 브레인스토밍'이 언급되었습니다. 물론 그 외에 논문 주제 탐색도 도와주고, 선행연구도 찾아주며, 목차도 짜주고, 본문도 대략 작성해줍니다. 정말 편리하겠죠?

저명한 연구자 노엄 촘스키는 2023년 3월 《뉴욕타임스》에 〈ChatGPT에 관한 잘못된 기대 The False Promise of ChatGPT〉라는 기고문을 실었습니다.

최근 생성 AI는 인류의 지능과 언어력에 한참 못 미칠 뿐만 아니라 도덕성도 결여된 '가짜 과학 faux science'이다. AI는 주로 묘사와 설명만 가능하다. 조건법적 추측이나 인과관계 설명은 못 한다. 이런 이유로

머신러닝 시스템의 예측은 항상 피상적이고 불확실하다. 설령 머신러닝의 예측이 맞더라도 이는 가짜 과학에 불과하다. 자동완성 기능으로 주장을 요약하면서 어떤 것에 대한 입장 표명은 거부하고, 지식의 부족이 아니라 지능이 부족한 점을 드러내면서 그저 '명령을 따르는 것'. 이는 무지에서 비롯된 도덕적 무관심, 악의 평범성Banality of evil이다.

노엄 촘스키는 ChatGPT의 문제점과 연구자들의 무분별한 사용에 일침을 가한 것입니다.

반면, 찬성 측은 이는 아무리 억압과 규제를 한다고 해도 거부할 수 없는 흐름이기 때문에 순응해야 하고, 이에 발맞춰 교육이 변화해야 한다고 주장합니다. 2023년 3월 학기에 몇몇 대학은 관련 규정을 발표하기도 했습니다.

○ ChatGPT 등 생성형 AI 사용자는 연구윤리 또는 학습윤리를 반드시 준수해야 합니다. ① 연구 윤리 준수

표절 방지 프로그램(Turninit, GPTZero, CrossPlag 등)을 이용하여 ChatGPT 사용여부를 기술적으로 탐지할 수 있습니다. 그러나 ChatGPT 사용자가 패러프레이징(같은 의미의 다른 표현으로 변경) 등으로 표절을 피해갈 수 있어 완벽히 검출하는 것은 불가능하므로, 수업 초반에 학문적 진실성 위반 행위 방지 교육과 AI의 윤리적 사용 교육을 실시합니다.

○ 주어진 주제에 대해서 ChatGPT도 잘못된 답변을 할 수 있습니다. 그러므로 ChatGPT의 답변과 유용한 원천 정보를 비교하도록 하여 학생의 비판적 사고 능력을 개발하도록 합니다. ② 맹목적 수용이 아닌 비판적 자세가 필요

○ 경험적 데이터 수집(인터뷰, 설문조사 등)이 필수적인 과제의 경우 ChatGPT가 이를 대신하는 것은 어려우며, 만약 ChatGPT를 활용했을 경우 잘못된 정보를 제공할 확률이 높습니다. 따라서 경험적 데이터 수집 및 분석이 필요한 과제를 제시합니다. ③ 경험적 데이터가 요구되는 과제 제공

○ ChatGPT의 기술적 특성상 특정 주제에 대한 요약은 가능하나, 어떤 과정을 거쳐서 결과를 도출했는지는 기술하기 어렵습니다. 그러므로 과제에서 동료 및 교수자의 피드백을 어떻게 반영했는지에 대한 전반적인 과정을 상세하게 기재하도록 독려합니다. ④ 단순 결과물 제공이 아닌 과제 작성 일련 과정 서술

고려대학교의 ChatGPT 사용 관련 규정

세상을 보는 지식

고려대학교는 국내 대학 중 발 빠르게 ChatGPT 사용 규정을 발표한 대학 중 하나입니다. 간단히 살펴보면, 연구윤리를 준수하고, AI를 사용하더라도 검증하는 자세가 필요하며, 단순 자료조사가 아닌 분석을 요구하는 과제를 제공하고, 결과물 자체가 아닌 과정에 대한 평가를 권장하고 있습니다. 2023년 3월 학기의 대학생들은 학교 수업에서 유난히 플립러닝과 토론형 수업이 증가했다는 인상을 받았을 겁니다. 현장에서 학생 본인이 직접 참여하는 형태의 수업은 ChatGPT를 활용하기 어렵습니다. 설령 한다고 해도 보조 수단에 불과하죠. 기계가 대신 발표해줄 수는 없을 테니까요. 이처럼 국내 교육 현장도 시대 변화에 발맞추어 걷고 있습니다.

학술지《네이처》와《사이언스》는 현재 ChatGPT를 연구물의 저자로 인정하지 않습니다. 저자는 자신이 발표한 연구물에 대한 책임이 뒤따르는데 인공지능은 이것이 불가능하기 때문입니다. 하지만 사용을 금지하지는 않습니다. AI를 사용한 경우, 반드시 논문 속에 '연구 방법' 또는 '감사의 글' 항목 등에 그 내용을 명시할 것을 조건으로 공표했죠. 연구 방법의 투명성과 저자의 무결성 및 진실성이야말로 연구의 기초이기 때문입니다.

생성 AI는 다양한 활용법이 있습니다. 비영어권 사람들이 영어권 사람들과 자유롭게 소통할 수 있고 '주체'가 아닌 '도구'로 바라볼 수만 있다면, 이보다 훌륭한 도구가 역사상 과연 존재했었느냐고 말하는 사람들도 있습니다. 여러분의 의견은 어떤가요?

법적 문제

AI 구축에서 가장 중요한 것은 데이터입니다. 지금 다양한 '생성 AI' 타이틀을 단 모델들이 등장하고 있는데, 그런 모델들이 탄생하는 과정에서 사용된 데이터의 저작권은 어떻게 처리되고 있을까요?

생성 AI 열풍이 불기 시작하면서 원작자와 기업 간의 저작권 논쟁이 서서히 본격화되고 있습니다. 작가, 예술가 등 고유 콘텐츠 생산자들이 자신의 창작물이 AI의 학습 도구로 무단 사용되는 데 대한 이의를 제기하기 시작했습니다.

전 세계 주요 언론사들 또한 자사의 뉴스를 무단으로 사용하지 말고, 사용한다면 정당한 사용료를 지불하라고 주장했습니다. 2023년 5월에서는 영미권 대표 미디어 그룹들이 콘퍼런스를 열고 기사에 대한 지식재산권과 저널리즘이 훼손되고 있어 마땅한 보상을 받아야 한다는 결론을 내렸고, 8월 영국에서도 유사한 선언이 나왔습니다.

우리나라의 네이버도 이 문제에서 예외가 아닙니다. 2023년 8월에 공개한 '한국어 특화'를 주장하는 하이퍼클로바X에는 대량의 신문 기사와 블로그 등이 학습된 것으로 추측되는데, 24일 공개 콘퍼런스에서 네이버는 사용된 데이터를 구체적으로 밝히지 않았습니다.

한국신문협회와 한국온라인신문협회는 "AI 개발에 뉴스를 사용하는 것은 광범위한 저작권 침해 행위이자 뉴스 가치 훼손"이라며 저작권자와 이용 기준 협의·학습 데이터 출처 공개·뉴스 저작권자에 대한 보상 체계 마련 등에 대한 요구 사항을 전달한 바 있습니다. SBS도 8월 30일부터 포털, 홈페이지, 유튜브 채널 등에 자사 기사의 AI 학습 이용을 금지한다고 명확히 밝혔으며, 기사 하단에 'Copyright SBS.

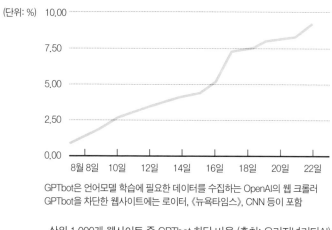

(단위: %)

GPTbot은 언어모델 학습에 필요한 데이터를 수집하는 OpenAI의 웹 크롤러
GPTbot을 차단한 웹사이트에는 로이터, 《뉴욕타임스》, CNN 등이 포함

상위 1,000개 웹사이트 중 GPTbot 차단 비율 (출처: 오리지널리티AI)

해외도 마찬가지입니다. 콘텐츠 저작권을 보호하기 위해 2023년 8월 CNN, 《뉴욕타임스》, 로이터방송, 《시카고 트리뷴》, 호주 공영방송, 《캔버라 타임스》 등은 OpenAI의 웹 크롤러 도구인 GPTbot의 접근을 차단했습니다.

이미지 생성 분야에서도 같은 움직임이 있습니다. 2023년 4월 독일의 42개 예술협회와 노동조합은 AI를 구축하는 빅테크 기업들이 창작물을 무허가로 사용하고 있다며 소송을 제기했습니다. 미국의 최대 이미지 플랫폼 게티이미지도 자사의 이미지를 무단 사용해 저작권과 상표권 모두를 침해했다며 소송을 제기한 바 있죠.

생성형 AI가 전 세계적으로 선풍적인 인기를 끌고 있지만, 그 이면에는 숨겨진 사회적 비용이 있습니다. AI는 흔히 인간의 노동이 필요 없는 자동 기계 학습으로 생각되지만, 실제로는 제3세계 국가에서 인간의 노동 집약적 작업이 이뤄지고 있습니다. 대표적인 곳이 필리핀, 케냐, 베네수엘라와 같은 개발도상국이죠. AI를 훈련시키기 위해서 수많은 노동자들이 방대한 양의 로우 데이터_{원자료}를 분류하고 입력하는 작업을 하고 있습니다. 이들은 대부분 최저임금 수준의 급여를 받는 것으로 알려져 있습니다.

그럼 생성 AI를 학습시키는 과정에서 자극적이고 폭력적인 글과 이미지를 걸러내는 작업을 하면서 정신적 충격과 트라우마를 겪는 이들도 등장하고 있습니다. 그들은 폭력, 적나라한 시체 사진, 고문, 전쟁 혹은 범죄 영상 등을 업무 내내 봐야 했고, 그 결과 극심한 우울증에 시달리는 경우도 있다고 합니다. 제조·건설 등 전통적 노동 집약적 산업에서 하청의 또 다른 구조로 흔히 발생하는 아웃소싱 형태가 첨단 기술 집약 산업인 AI 분야에서도 마찬가지로 발생하고 있는 거죠.

2021년 발표된 스탠퍼드대학의 보고서 〈인공지능 인덱스〉에 따르면 ChatGPT의 기반인 거대언어모델 GPT-3의 학습에 1,287MWh가 소모됐으며, 미국 리버사이드 콜로라도대와 앨링턴 텍사스대 연구진은 하나의 주제로 25~50개의 질문과 답변을 주고받을 때 물 500㎖가 소비된다고 발표했습니다. 텍스트보다 더 복잡한 이미지를 학습하고 생성하는 모델들은 이보다 더 많은 전력과 물을 소모할 것으로 예상됩니다. 게다가 이들의 심장인 데이터 센터는 서버와 네트워크 시스템이 뿜어내는 열기로 가득합니다. 이것을 식히기 위해 엄청난 냉방설비를 추가로 구동해야만 하죠. 이처럼 초거대 AI 구축 자체에도, 유지에도, 운영에도 모두 어마어마한 비용이 들어갑니다.

지금껏 투자한 금액을 회수하기 위해 빅테크 기업들은 너도나도 수익화에 들어갔습니다. 그들이 B2B와 B2C 형태로 활용해 수익을 올리려는 차에 소리 소문 없이 사용해온 학습용 데이터에도 책임을 지라고 하니 IP 소유자와 빅테크 기업 간의 대립이 팽팽하게 이어지고 있습니다.

우리 같은 일반인의 관점에서도 살펴볼까요. 한 번쯤 이런 생각을 해본 적이 있을 거예요. 이제 AI가 빠르게 다양한 결과물을 생성해주는데, 이렇게 생성한 결과물을 어떻게 사용하면 좋을까, 하고요.

최근 'ChatGPT로 부업하는 법'과 같은 콘텐츠들이 쏟아져나오고 있습니다. 블로그 내용을 자동으로 생성해 올리기도 하죠. SF 단편소설을 온라인으로 접수해 발간하는 영국의 '클락스월드 Clarkesworld '에는 ChatGPT로 생성된 작품이 무더기로 올라오고 있습니다. 아마존 킨들 스토어에도 동일한 현상이 벌어지고 있고요. 접수율이 배로 늘었으며, 표절과 낮은 필력으로 반려되는 사유가 급증해 업무가 마비될 지경이라고 합니다.

각국의 판결을 살펴보면 2023년 8월 미국 콜롬비아 지방법원은 AI로 만든 예술작품의 저작권 등록을 거부한 미국 저작권청 US Copyright Office 의 결정을 인정하는 판결을 내렸습니다. 생성 AI의 출력 결과를 사용자가 예측할 수 없기에 펜이나 붓과 같은 도구와는 결을 달리한다고 판단한 거죠. 우리나라에서도 AI로 그린 그림은 저작권을 주장할 수 없습니다. 저작권법에서는 저작물을 '인간'이 표현한 것으로 제한하기 때문에, 인간이 아닌 AI의 생성물은 '저작물'이 될 수 없습니다.

미국에서도 마찬가지입니다.

AI를 구축한 기업 역시 저작권과 소유권을 가지지 않습니다. 가령 우리가 핸드폰으로 아름다운 사진을 찍었다고 해서, 제조사인 삼성이 사진의 저작권을 갖지 않는 것과 같죠. OpenAI의 약관을 살펴보면 '당사의 약관을 준수하는 경우 OpenAI는 결과물에 대한 모든 권리와 소유권 및 이익을 생성자에게 할당하며, 다른 생성자가 만든 결과물은 이에 해당하지 않는다'라고 명시되어 있습니다. 미드저니는 약간 다릅니다. 기본적으로 결과물을 소유하기 위해서는 프로 맴버십을 구매해야 하며, 무료 사용자는 해당 사항이 없다고 합니다. 형태는 조금 다르지만, 모두 소유권을 생성자에게 넘겨주고 있다는 점만은 같습니다.

정리하자면, 일부 회사의 약관에 따라 생성자가 소유권을 갖는 것처럼 보이지만, 저작권 보호를 받지는 못합니다. 즉, 데이터 제공자, 모델 구축 회사, AI 사용자 모두에게 명확히 정해진 규정은 현재 존재하지 않는 셈입니다. 우리는 지금 새롭게 등장한 기술에 대한 적응을 도전받고 있는 중인 거죠.

현재 언급되는 방안 중 하나는 명확한 관계를 규정 짓자는 것입니다. 학습데이터가 모델 구축에 큰 축을 차지하는 만큼 빅테크 기업은 합당한 보상을 할 필요가 있습니다. 창작자가 있기에 AI도 있는 것이니까요. 창작자가 새로운 작품을 창조해내면 그것을 학습하는 기업, 그리고 그 데이터를 기반으로 생성된 결과물을 활용하는 이용자가 일정 보상을 해주는 것입니다. 그러면 창작 활동도 계속 이어질 테고, 작품을 학습하는 빅테크 기업은 더욱 성능 좋은 AI를 구축해나갈 수 있으며, 이용자는 이를 상업적으로 활용하여 부를 취득할 수 있을 것입니다. 그래서 이 연쇄적 흐름의 시작점이라 할 창업 활동을 분명히 지원하는 것이 중요합니다.

자기 작품이 활용될수록 연금처럼 꾸준히 저작료를 받는 구조를 구축해야 합니다. 개인이 직접 기업과 협상하기는 어려우니 저작권 신탁업체가 나서는 것이 좋겠죠. 한 예를 들면 2023년 4월 캐나다 음악가 그라임스 Grimes 는 누구나 자신의 목소리를 사용해 AI로 음반을 만들어 파는 것을 허용한다고 밝혔습니다. 다만 조건으로 자신의 목소리를 사용해 만든 것을 명확히 밝힐 것과 벌어들인 수익의 50%를 로열티로 지불할 것을 조건으로 걸었습니다. 가수의 음성을 빌려 새로운 곡을 창작해 성공할 경우, 가수 본인 이전의 곡이 재조명받는 선한 영향력이 나타나는 경우도 기대해볼 수 있겠죠. 우리나라 여러 음악 예능 프로그램을 통해 옛 노래와 그 곡을 불렀던 가수들이 재조명받았듯이 말입니다. 2023년 8월 구글은 유니버설뮤직 등 글로벌 음반사와 '딥페이크 음악'을 두고 저작권 사용료 지불 협상에 나섰습니다. 이 과정에서 아티스트의 멜로디와 목소리를 생성형 AI로 추출해 새로운 곡으로 재탄생시키는 딥페이크 음악이 합법화되는 계기가 마련될 수도 있을 겁니다.

그리고 건강한 산업 생태계를 위해서 우리는 직접 창작했는지, AI를 단순 보조 수단으로 사용했는지, AI와 함께 만들었는지, 아니면 순수 AI가 만들었는지 등 제작과정에서의

No Ai Used
Assisted by AI
Made With AI
Created by AI

관계를 명확히 명시할 필요가 있습니다. 이미 여러 나라와 기관에서 'AI 윤리'라는 이름으로 교육을 시행하고 있습니다. 결과물 도달까지

의 과정을 명확하게 드러내고 사용한 자료들의 출처를 밝히는 것은 중
요한 연구윤리이자 깨끗한 산업 생태계를 만드는 데 반드시 필요한 과
정입니다.

　표와 그래프를 제외한 제 책에 삽입된 만화 그림은 모두 AI로 생성
한 것입니다. Dall-e3로 제작한 그림은 워터마크가 없지만, 앞으로 텍
스트·음악·영상 등에 'Made in AI'를 의미하는 어떤 표기 방법이 함
께 달리게 될 것으로 보입니다. 2023년 7월 미국의 대표적 AI 기업
7곳은 생성형 AI의 확산에 따른 위험을 줄이고자 자발적으로 콘텐츠
에 워터마크를 넣기로 합의했습니다. 앞으로 이런 움직임이 더욱 확
산될 텐데, 여기에 NFT 기술이 십분 활용될 수도 있겠죠.

　포토샵으로 유명한 어도비의 사례도 주목할 필요가 있습니다. 미드
저니나 스테이블 디퓨전 등 이미지 생성 AI 때문에 부진을 면치 못했
지만, 최근 추세를 적극 수용하여 '파이어 플라이' 베타 버전을 공개했
습니다. 위의 사진처럼 기존 그림에 무언가를 변경하고 추가하는 기
능과 본래 그림을 기반으로 확장하는 '인/아웃프린팅' 기능을 선보였
죠. 이보다 더 중요한 것은 표절과 저작권에 저촉되지 않는다는 점을

회사가 보장한다는 점입니다. 어도비가 자사가 보유한 자체 이미지 풀로 AI를 학습시켰기에 가능한 거죠. 'Large Language Model'이 아닌 'Large Image Model'로 불러야 할 것 같습니다. 데이터 주권을 보유한 회사의 저력이 이처럼 대단합니다. 비록 AI 제품을 선보이는 시기는 한발 늦었을지 몰라도 법적 문제를 해결했기 때문에 이용자가 맘 편히 구독 서비스를 신청하고 자신의 업무에 활용할 수 있어, 어도비의 주가가 단숨에 치솟기도 했습니다.

현재 국제적으로 큰 이슈 중 하나가 바로 2024년 미국 대선입니다. 선거 과정에서 생성 AI를 활용한 가짜뉴스가 범람하는 것은 이전부터 여러 차례 언급되던 부분입니다. 구글은 AI가 만든 가짜뉴스의 폐해를 줄이기 위해 빅테크 기업들 중 최초로 2023년 11월부터 모든 정치적 광고에 들어가는 동영상·사진·음성 등에서 생성형 AI를 사용한 경우 활용 사실을 '명확하고 눈에 띄게' 명시하도록 하는 규정을 적용한다고 발표했습니다. 가령 '지금 보시는 영상은 실제처럼 보이게 묘사한 합성 콘텐츠입니다', '이 동영상은 합성입니다', '이 음성은 AI로 생성되었습니다'와 같은 문구를 눈에 띄게 명시해야 한다는 거죠. 이를 어기면 삭제 조치한다고 합니다.

2023년 9월 한국인터넷자율정책기구는 챗봇 서비스의 신뢰도를 높이고 윤리적 문제에 대응할 수 있도록 '챗봇 윤리 가이드라인'을 만들었습니다. 사회적 약자들도 챗봇을 사용할 수 있도록 접근성을 높이고, 심리상담과 치매환자 안정화 등 특수 목적이 아닌 이상, 대화 상대가 챗봇이라는 점을 밝히며, 이용 과정에서 개인 정보 등을 무단으로 노출하거나 공유하지 않고, 이용 과정에서 부작용 등을 인지한 경우 운영자에게 알릴 것 등의 조항이 담겼습니다.

이처럼 다양한 윤리 가이드가 등장하고는 있지만, 사실상 구속력은 없어 전 세계가 이 문제로 골머리를 앓고 있습니다. 우리나라 과학기술정보통신부는 2023년 5월 '새로운 디지털 질서'를 만들고 명확한 규범체계를 정하기 위해 나섰습니다.

기술 진보	시도(도전)	혁신	디지털 심화 쟁점
생성 가능한 AI(ChatGPT 등)	창작활동 적용	AI 소설가	AI 학습 데이터의 개인정보 및 저작권 침해 여부 AI 생성물의 지식재산권 인정 여부
영상·음성 인식 AI 추론 판단	면접 활용	AI 면접	AI를 활용한 평가의 신뢰성 여부
AI 기반 자율학습 및 로보틱스	의료현장 도입	수술용 AI 로봇	AI 로봇의 의료행위 허용 여부
가상·증강현실	소셜 활동	메타버스 경제 활동	가상공간에서 경제 활동에 대한 세금 부과 여부 및 범죄행위 대응
AI 영상인식 센서기술 고도화	운송수단 활용	자율주행 차량	운전자 개입이 없는 자율주행(Lv4) 중 사고 발생 시 책임소재 및 보상체계

디지털 심화 쟁점 예시

각 부처에서 소관 분야의 디지털 심화 쟁점을 해소하기 위한 정책을 마련하고, 학계와 업계, 소비자 단체 등이 참여하는 민·관 협의체를 구성하며, 디지털 심화 쟁점을 해소하기 위한 이해관계자 논의, 전문가 의견 수렴 등도 진행하는 만큼 모두가 웃을 수 있는 상생의 관계가 형성되기를 바랍니다.

일자리

미국 투자은행 골드만 삭스는 2023년 3월 생성 AI가 전 세계에서 3

억 개의 정규직 일자리에 영향을 줄 것이며 그중 화이트칼라의 업무가 큰 타격을 받을 것으로 전망했습니다. 6월 《워싱턴 포스트》 역시 마케팅과 소셜미디어 콘텐츠 부문에서 ChatGPT가 사람들의 일자리를 빼앗아가기 시작한 상황을 전했습니다.

과거의 자동화는 3D Dirty · Dangerous · Difficult 직종을 주로 위협했습니다. 자동차가 확산되자 마부의 수가 줄어들었고, 자동청소기가 등장하자 청소부의 수가 줄어들었죠. 그러나 오늘날은 AI가 높은 학력이 필요한 고소득 일자리를 겨냥하고 있습니다. 실제로 2023년 8월 일본에서는 프리랜서 작가들이 ChatGPT의 등장으로 인해 임금 삭감을 요구하는 의뢰인들이 늘었다고 주장했습니다. 거의 절반 값으로 해달라는 요청이 급증했다고 하죠. 광고 카피라이팅 분야에서도 일부 회사는 앞으로 ChatGPT를 사용하겠다며 기존 협력체와의 계약을 더 이상 연장하지 않는 사례가 많이 등장하고 있습니다.

Google

분명 줄어드는 일자리는 존재합니다. 하지만 새롭게 늘어나는 일자리 역시 적지 않아 '순감소'는 크지 않습니다. 이는 역사가 증명하고 있죠. 1400년 인쇄기가 처음 등장했을 때, 당시 학자들은 '내 손으로 글을 쓰고 책을 집필할 줄 알아야 비로소 내 지식인데, 이를 빠르게 인쇄해서 간편화하면 학자 자격을 부여할 수 있을까?'라고 비판했습니다. 1980년대 전자계산기가 등장했을 때는 수학계가 뒤집어졌습니다. 수학 원리를 이해한 채 공식을 통해 답을 도출해야 하는데, 숫자와 공식만 넣으면 자동으로 답안을 내놓는 기계가 나온 것이니까요. 농업 기계화가 이루어졌을 때도 실업 폭풍이 불어닥쳤고, 최근 구글 검색기가 나왔을 때도 학계에서 이를 허용해야 하나 말아야 하나 고민했었죠. 미래의 우리 입장에서 보자면 당시의 우려가 과하다는 생각이 절로 들 거예요. 세상을 바꿀 만한 충격이 도래했을 때 정말로 일자리가 사라졌나요? 형태를 바꿨다는 표현이 조금 더 적절하지 않을까요?

인쇄기가 등장해도 여전히 학자와 작가는 존재합니다. OTT의 발달로 작가의 몸값이 하늘을 찌르고 있습니다. 계산기가 등장해 수학이 쇠퇴할 것 같았지만, 2022년 필즈상을 수상한 우리나라의 허준이 교수와 같은 성과도 있을뿐더러, 최근 대세인 AI를 이해하려면 함수 개념부터 배워야 할 정도로 수학은 여전히 중요도가 높습니다. 계산기를 손에 쥐여준다고 해서 바로 AI를 만들 수 있나요? 지금 농촌에 농기구를 금지하고 인력으로 돌아가라고 하면 엄청난 반대에 부딪히게 될 겁니다. 검색엔진이 등장하고 지식의 탐구 열정이 식을 것으로 보였지만, 여전히 우리나라의 학구열은 세계 최고 수준이고 교육현장에서는 단순 지식이 아닌 사고방식을 평가하는 오픈북 시험도 새롭게 등장했습니다. 영국 경제지인 《이코노미스트》는 2023년 3월 "공상과학이 사실로 바뀌긴 했지만, 경제적 사실에 이르는 것은 완전히 다른 문제"라면서 AI 도입으로 인한 일자리 재앙을 두려워하지 말라고 주장했습니다.

지금의 생성 AI 역시 그렇지 않을까요? 세계에 파문을 던진 지 고작 1년이 채 안 되었습니다. 새롭게 등장한 우려는 새로운 변화가 들이칠 때면 나타나는 현상일 뿐입니다. 우리에게 필요한 자세는 무엇이 위협받고 무엇이 각광받는지 잘 파악하는 것입니다.

　2023년 5월 우리나라 웹툰계는 최초 공개된 신작이 생성 AI로 제작되었다는 의혹으로 인해 한바탕 홍역을 치렀습니다. '타 작품의 그림체와 캐릭터가 거의 유사하다', '인물의 손가락이 어색하다' 등의 이유로 많은 비판을 받았고 '딸깍이 스스로 노력해서 그린 그림이 아닌 마우스 클릭 몇 번으로 만든 작품'라는 새로운 용어도 등장했습니다. 애니메이션의 본고장 일본에서도 유사한 사건이 일어났습니다. 〈우주 소년 아톰〉, 〈밀림의 왕자 레오〉 등으로 유명한 일본의 만화가 고故 데즈카 오사무의 히트작 〈블랙잭〉이 〈데즈카 2023〉이라는 이름으로 다시 태어난다는 소식이었죠. 방법은 GPT-4로 200화가량 되는 원작을 학습시키고, 완결 이후의 스토리를 ChatGPT로, 관련 그림은 스테이블 디퓨전으로 생성하는 것입니다. 이 소식을 전해 들은 팬들은 '고인의 작품에 대한 모독'이라는 비난을 쏟아냈습니다.

　우리는 현재 생성 AI를 환영하면서도 동시에 비난하는 과도기에 살고 있습니다.

　대학에서 수업을 하면 아무리 금지해도 학생들은 최대한 ChatGPT를 사용하려고 하는 모습을 볼 수 있습니다. 하지만 이들이 학생에서 독자로 신분이 바뀌면 반대 입장으로 돌아섭니다. 저는 학생이 제출한 과제에 내용상 문제가 있다면 당연히 교수자로서 페널티를 줍니다. 이는 AI를 사용해서가 아니라 제출한 결과물에 하자가 있기 때문입니다. 같은 원리로 자신이 금전을 지불하고 구매한 작품에 눈이 어색하다든가, 한쪽 어깨가 없다든가 하는 결함이 보인다면 팬으로서 그리고 구매자로서 분노를 느끼는 건 당연합니다. 하지만 그림 묘사와 작품성에 이상이 없다면 과연 AI를 사용해 결과물을 만든 것에 문제가 있을까요? 실제로 〈데즈카 2023〉 제작팀은 그림과 스토리를 만드는 것은 AI지만, 이

나(학생)

나(독자)

를 지시하고 감독하는 것은 인간 창작자라는 점을 강조하며 AI는 어디까지나 지원 도구라는 점을 분명히 했습니다. 평가는 작품 출시 후에 판단할 일이고 'AI를 사용했다'라는 점만으로는 비판하기 어렵지 않을까 생각합니다.

생성 AI를 사용하면 중간 과정이 매우 큰 폭으로 단축됩니다. OTT 업계도 지금 그런 이점을 이용하려고 하고 있죠. 2023년 여름, 할리우드 배우와 작가들이 제작 과정에 생성 AI의 사용을 금지하고 배우를 기용해 촬영할 것을 요구하며 파업을 진행했습니다. 하지만 넷플릭스, 디즈니, 마블 등은 고액 연봉을 내걸고 AI 전문가를 공개 채용하고 있습니다. 이윤과 효율을 추구하는 기업의 입장에서는 경쟁사가 AI로 빠르게 신작을 출시하면 뒤처질 수밖에 없으니까요.

파업은 148일 만에 종료되었습니다. 잠정 합의안에는 'AI 문학 자료 작성·재작성 불가', 'AI 자료를 원본으로 간주 불가', 'AI로 인한 작가 신용 훼손 방지', '스튜디오 작가에 대한 AI 사용 강제 금지', 'AI 학습에 작가 자료 이용 시 상호 간 MBA^{최소기본협약}에 따른 반대권' 등이 포함되었습니다. 하지만 여전히 잠재적 일자리 위협의 대안은 뚜렷하

지 않다는 평가가 많습니다. 여러분은 어떻게 생각하나요?

우리나라도 적극적입니다. 2023년 9월 과기정통부는 AI회사·콘텐츠·미디어 기업이 함께 손을 잡고 글로벌 대작을 만든다는 구상을 펼쳤습니다. 생성 AI로 스토리를 만들고, 생성한 대본을 토대로 영상과 사진을 구현하는 방식이죠. 그리고 국내의 우수 작가진과 인재가 포진한 콘텐츠 회사와 미디어 회사가 이를 검수하게 됩니다. '기술개발-인력양성-투자유치-제작-수출'까지 물 흐르듯 연결되는 구조를 구축함으로써 문화강국의 위상을 지속적으로 펼쳐가려는 거죠.

그렇다면 우리는 이대로 잠식당해야만 할까요? 제 전공은 중어중문학입니다. 만약 여러분이 중요한 번역을 의뢰

했다고 해봅시다. 저는 수동으로 진행하고, 대학생은 AI로 동시 진행해 수주 경쟁을 한다고 가정해보죠. 저는 일단 전체적인 내용을 읽고 이해해야 하고, 전문용어가 나오면 사전도 찾아보면서 진행해야 하니, 시간이 꽤 걸릴 겁니다. 반면, 대학생은 AI로 진행해 순식간에 끝마칠 수 있습니다. 여러분은 누구에게 의뢰하시겠습니까? 아마 대부분은 시간이 좀 걸리더라도 제게 의뢰할 겁니다. 돈을 지불하고 타인에게 번역을 의뢰한다는 것은 그만큼 양질의 번역을 기대하는 것일 테니까요. 만약 양질의 번역이 반드시 필요하지 않다면, 의뢰자가 직접 기계 번역을 돌리면 충분할 테고요.

지금의 AI는 다양한 분야에서 초·중급 수준의 결과물을 제공하고 있습니다. 타 영역의 지식이 전혀 없어도 우리는 기계의 도움을 받아 어설픈 결과물을 직접 만들어낼 수 있습니다. 하지만 사회에서 취급하는 것은 상급, 그중에서도 최상급의 경쟁입니다. 여러분이 AI를 사용할 줄 안다고 해서 외국어를 몰라도 번역 회사를 차리고, 그림을 몰라도 일러스트 회사를 차리고, 법을 전혀 몰라도 변호사 사무실을 개업할 수 있을까요? 입장을 바꿔 여러분이 고객 입장이라면 과연 저러한 회사에 일을 맡길 건가요? 회사를 통하지 않고 자신이 직접 AI를 돌려도 비슷한 결과물이 나올 텐데 말입니다.

위 번역 수주 경쟁 사례로 다시 돌아와서 만약 둘 다 AI를 사용할 수 있는 조건이라면 또 어떨까요?

저라면 원문을 곧

AI 초벌번역   **수정*n**

바로 번역기를 돌려 초벌 번역을 완성시킬 겁니다. 이러면 전문을 빠르게 읽을 수 있고, 전문용어도 사전을 찾아볼 필요가 없으니까요. 시간과 노력이 대폭 절감되겠죠. 다음으로는 초벌 번역을 원문과 여러 차례 대조하면서 다듬고 다듬고, 또 다듬어 예술품으로 승화시킬 겁니다. 비전공자 또는 해당 영역에서의 지식이 부족한 사람이라면 이 과정을 제대로 수행할 수 없을 겁니다.

ChatGPT 사용 수칙은 다음과 같이 정리할 수 있습니다. 환각현상이 있기에 생성된 결과물이 사실인지 아닌지 확인해야 합니다. 다음

세상을 보는 지식

으로는 결과물이 정확한지 아닌지 검증해야만 하며, 마지막으로 사용에 관해 발생할 수 있는 가능성에 대해 책임질 수 있을 때, 비로소 사용 가능합니다. 여기서 도출되는 결론은 ChatGPT 활용 조건은 바로 해당 영역의 '전문가'라는 점입니다. 전문가야말로 생성된 결과에 대한 3단계 검증이 가능한 인물입니다. 타 영역에의 진입장벽을 낮춰주는 긍정적인 부분은 있지만, 진정한 활용은 반드시 그 영역에 통달한 자만이 가능합니다. 따라서 우리는 결코 배움에 게을러서는 안 됩니다. 배움에 게을러지는 것은 생성 AI의 본질을 잘못 이해하는 것입니다.

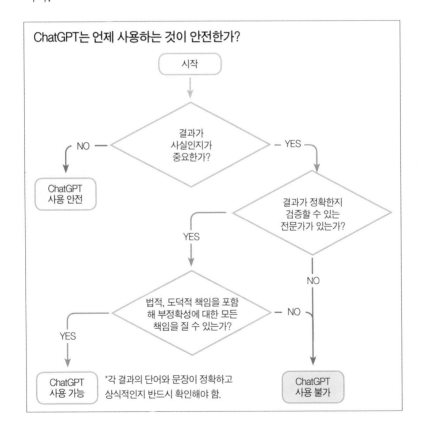

이것이 바로 오늘날 일자리의 핵심입니다. 사회가 요구하는 지식이나 능력은 이제 생성 AI의 등장으로 상향 평준화가 되었습니다. 생성 AI가 뭐든지 해줄 것 같지만, 이것을 가장 잘 활용하기 위해서는 역설적으로 자신의 분야에 통달해야만 합니다. 누구나 할 수 있는 단순 작업, 어설픈 초·중급 수준의 결과물은 더 이상 시장에서 통용되지 않습니다. 누구나 그 정도는 가능해진 세상이 와버렸으니까요. 반면 그 누구보다 훌륭하고 참신한 결과물을 보란 듯이 내놓을 수 있는 사람이라면 AI의 도움까지 받아 더 많은 가능성을 실현할 수 있겠죠.

농업 엔지니어　　건축 엔지니어　　의료 엔지니어　　AI 엔지니어

전문성과 AI의 결합

AI의 발달로 '이제 노력할 필요 없이 편하게 살면 되겠네'라고 생각하고 있다면, 그런 사람이 가장 먼저 대체되고 말 것입니다. 오히려 이전보다 고등지식에 대한 요구가 더 높아졌습니다. 생성된 결과물이 무엇이 부족한지 파악하고, 더 나은 결과물로 승화시킬 수 있는 사람, 여기에 최근 등장하는 기술에 대해 발 빠르게 정보를 취득하고 그 작동 원리를 이해하며 자신의 전공 분야에 접목할 수 있는 사람이, 바로 지금 우리 시대의 인재입니다.

AI는 여러분의 일자리를 빼앗지 않습니다. 여러분을 대체하는 것은 바로 AI를 활용할 줄 아는 사람입니다.

구축 - 생성 - 활용 - 융합

AI는 1940년에 개념이 등장한 이후 자그마치 약 80년의 '구축' 과정을 거쳐 모두가 함께 참여하는 '생성'의 시대로 들어섰습니다. 끊임없이 개선되고는 있지만 생성된 결과물을 결코 그대로 사용해서는 안 됩니다. 앞서 언급한 할루시네이션 현상도 있고, 무엇보다 퀄리티가 높지 않기 때문입니다.

우리는 지금 '활용' 단계로의 진입을 염두에 두어야 합니다. 활용이란 AI 결과물의 승화 과정입니다. 결과물에서 부족한 점을 파악해 개선하고, AI를 자기 업무 분야에 끊임없이 접목하여 효율을 추구해야 합니다.

우리 곁으로 바싹 다가온 여러 AI는 분명 문제점과 한계가 존재하지만, 그 가치를 무시하기에는 장점이 너무나 많습니다. 창의적인 아이디어도 제시해주고, 쓸데없는 공정도 전부 대신해주고, 24시간 쉬지도 않으며, 무엇보다 손쉽게 시도할 수 있습니다. AI 열풍이 불기 고작 몇 년 전 3D 프린터가 세상을 바꾼다는 말이 돌았던 적이 있습니다. 하지만 그러지 못한 이유 중 하나가 기회비용이 높았기 때문이라고 생각합니다. 3D 프린터를 일반 가정집에서 손쉽게 구매하고 시험 삼아 이것저것 만들어보기에는 부담스러웠기에 모두의 참여를 이끌어내지는 못했죠. 그러나 AI는 이 벽을 넘는 데 성공했습니다.

모두가 손쉽게 생성해낼 수 있기에 '결과물'에 대한 가치는 상대적으로 하락하고, 반대로 시작점인 '무엇을 질문하고 요구할 것인가'에 대한 가치는 급상승했습니다. 최근 AI에게 잘 명령하는 '프롬프트 엔지니어'라는 직군이 떠오르고 있다는 사실 자체가 AI와의 대화가 사람과의 대화와는 분명한 차이가 있음을 증명하고 있습니다. 비록 대부분 자연어로 대화하지만, 저는 프롬프트 엔지니어의 명령을 '반코딩'이라 부릅니다.

우리가 AI에게 무언가를 명령하려면 역설적으로 해당 분야에 대한 깊은 지식이 있어야만 합니다. 그리고 깊은 지식을 얻는 과정에서 가장 중요한 것은 교육입니다. 인류의 탄생부터 지금까지 교육이 중요하지 않았던 적은 없었습니다. 그리고 오늘날 다시 한번 그 중요성이 강조되고 있습니다. AI의 일상화로 단순 암기식 교육은 종말을 고해야 합니다. 망각의 동물인 인간이 기계를 암기로 이길 수 있을까요? 간단히 명령만 하면 결과물을 얻을 수 있는데 어째서 인간이 계산기를 이겨야 하나요? 왜 우리는 굳이 '생성' 형식의 교육을 여전히 고집해야 하나요?

인간의 능력은 크게 물리적 노동과 관련된 신체 능력, 의식을 필요로 하는 인지 처리 능력, 마지막으로 기존에 없던 새로운 것을 창출해 내는 창의적 능력으로 분류됩니다. 첫째와 둘째 능력은 이미 대체되었거나 곧 대체될 것입니다. 결국 우리가 집중해야 할 것은 마지막 창의적 능력입니다.

우리는 끊임없이 범람하는 정보의 홍수 속을 자신을 손으로 헤쳐 나갈 필요가 없습니다. 멀찍이서 넓은 시야를 가지고 그중 필요한 것을 가져 나오라고 명령만 하면 됩니다. 그 가져온 결과물로 자신에게 필요한 무언가를 창조해나가는 능력을 길러야 합니다. 다양한 지식의 파편을 섭렵하여 어떻게 인식을 더 확장할 수 있을지 고민하는 자세를 익혀야 하는 거죠.

혼자서는 막막하고 어려울 수도 있습니다. 따라서 교수자는 학생들에게 주변과 교류하는 커뮤니케이션 능력을 길러줘야 합니다. 서로의 다름을 인정하고 배우는 아량을 길러줘야 합니다. 무언가 어려움에 부딪혔을 때 부끄러워하지 말고 상대방을 찾아가 질문하는 대범함을 길러줘야 합니다. 어학 수업에 번역기를 금지하는 본질적 이유는 부정행위여서가 아니라 학생이 생각하는 것을 멈추기 때문입니다. 따라서 무엇보다 지식에 게으르지 않고 끊임없이 탐구하는 자세를 길러줘야 합니다.

AI와 공존하는 교육

지금까지의 학문은 초급에서 중급을 거쳐 고급 과정으로 진행됐습니다. 그리고 정답에 최대한 근접한 대답을 잘 내놓는 이가 사회에서 인정받았죠. 하지만 미래세대를 양성하는 교육자는 그 너머의 길을 보여줘야 합니다. 무언가를 어떻게 배우는 것이 아니라, 지식을 이해할 수 있고 습득할 수 있는 문해력, 옳고 그름을 구분하는 비판 능력, 자신의 업무 현장에 적용할 수 있는 응용 능력 등을 기르는 것이 교육의 목표입니다. 국어, 영어, 수학, 과학 등은 그 과정에 다다르기 위한 과정일 뿐이죠. 여기서 ChatGPT와 같은 AI가 과연 교육에 저해가 될까요? 학생이 비판적으로 사고하고 주도적으로 일하는 데 도움이 되고, 지식을 이해하고 정보를 습득하는 목적으로 사용하는 데 도움이 되는 도구라면 좋은 게 아닐까요?

이제는 학문의 교육 이전에 '가능성'을 보여주고, 졸업할 때 학생들에게 가능성이 하나가 아니라 여럿이라는 것을 깨닫게 해주어야 합니다. 그리고 능동적으로 새로운 교육을 희망하여 자신만의 길을 스스로 개척해나가는 인재를 길러내야 할 것입니다.

세상을 보는 지식

4장

지척으로 다가온
로봇 시대

소프트웨어에서 하드웨어로

2022년 3월 현대자동차 주주총회에서 로봇 '달이'가 주주들을 향해 손을 흔들며 반갑게 인사를 나누었습니다. 현장에서 정의선 회장은 "로보틱스는 더 이상 꿈이 아닌 현실"이라며 로봇 시대의 개막을 선언했고, 한종희 삼성전자 부회장 역시 주주총회에서 "신산업 발굴의 첫 행보는 로봇 사업"이라고 발언한 바 있습니다. 2023년 9월 독일 베를린에서 개막한 국제가전전시회 IFA, Internationale Funkausstellung 도 이전과 분위기가 사뭇 달랐습니다. 코로나19 발발 이전인 2019년만 해도 가전 중심인 전시회에서 로봇이란 단어를 사용하는 걸 대단히 껄끄럽게 여기는 분위기가 존재했었습니다. 로봇 대신 '혁신 기술', '스마트 기술'이라는 용어로 대체하곤 했죠. 하지만 이번에는 주최 측이 직접 전시 키워드 중 하나로 '로봇'을 꼽았을 정도입니다.

산업현장에서 활용되는 로봇은 단순 작업에 특화되어 있어, 일부

인력을 대체하는 것으로 그 역할이 한정되어 있었습니다. 우리 같은 일반인은 공대 출신이 아닌 이상 접할 기회도 드물었죠. 하지만 AI의 발달이 이런 흐름을 뒤집었습니다.

3장에서 설명했듯, 이제는 AI와 대화할 때 컴퓨터 언어로 코딩하지 않고 인간의 자연어로 명령할 수 있게 되었습니다. 그러면서 보다 적극적인 참여가 가능해졌죠. 지금은 그 AI를 로봇과 접목하는 활동이 활발히 진행되고 있습니다.

AI는 우리 눈에 보이지 않는 무형의 소프트웨어입니다. 그리고 로봇은 현실 속 형태를 가지고 있는

AI(정신)   **로봇(육체)**

하드웨어입니다. 이 둘을 합치자 마치 빈 육체에 정신을 불어넣어 새로운 생명체가 탄생한 것과 같은 모양이 되었죠. 궁극적으로 인간의 개입을 필요로 하지 않는 '무인화'를 표방하며 기술 개발이 빠르게 이뤄지고 있습니다. AI를 탑재한 로봇은 어떤 산업에서든 무슨 업무에든 사용할 수 있을 것 같은 존재감을 드러내며, 우리 곁으로 바싹 다가들고 있습니다.

AI의 발전과 함께 '노동혁명'을 불러올 로봇 시장을 둘러싸고 경제 강국들과 빅테크 기업들의 총성 없는 전쟁이 시작되었습니다. 제조업·의료·물류·안보에서부터 요즘 각광받는 우주산업까지 대부분의 산업 영역을 포괄해 국가경쟁력과 직결되는 '전략자산'으로 인식되고 있는 거죠. 특히 제조업 중심인 우리나라로서도 절대로 포기할 수 없

는 핵심 산업이라고 말할 수 있습니다. 이것이 바로 로봇 시대가 개막된 배경입니다.

산업의 변화

로봇은 외부 환경을 스스로 인식하고 상황을 판단해 자율적으로 동작하는 기계 장치를 뜻합니다. 1920년 체코 작가 카렐 차페크의 《로줌 유니버설 로봇 Rossum's Universal Robots 》이라는 희곡에서 사용된 '요역 robota '이란 체코어에서 유래되었다고 합니다. 통상적으로 산업용 로봇과 서비스 로봇으로 구분됩니다.

세계 각국이 로보틱스에 큰 투자를 하고 있는데, 그중 우리나라의 산업용 로봇 밀집도는 세계 최고라고 할 수 있습니다. 국내 기업 중 로봇 산업에 가장 먼저 뛰어든 곳은 HD현대 계열사인 현대로보틱스입니다. 현대로보틱스는 1984년 현대중공업 내에 꾸려진 로봇 전담팀으로 출발해 지금은 국내 로봇 기업 중 가장 높은 매출을 기록하고 있으며, 2022년엔 전 세계 산업용 로봇 기업 중 매출 기준 6위를 달성하기에 이르렀습니다.

전 세계 로봇 시장 규모 전망 (출처: 모도인텔리전스)

로보틱스의 가치

로보틱스를 핵심 산업 중 하나로 분류하는 이유는 노동 인력 부족으로 지속적인 수요가 발생하기 때문입니다. 제 책《알아야 보인다》에서 자율주행에 대해 소개할 때도 언급한 바 있습니다만, 레이더와 라이다 같은 컴퓨터 비전의 향상과 AI와의 융합이 로봇의 성능을 급격히 발전시켰습니다. 앞으로는 모든 분야에서의 완전 자동화 세계를 꿈꿀 수 있게 된 거죠.

2022년 1월 한국생산기술연구원은 주어진 환경에서 최적의 조건을 찾아내 스스로 물체를 조립하는 로봇을 개발하는 데 성공했습니다. 로봇의 손에 '핸드아이 Hand—eye 카메라'를 탑재해 무작위로 놓인 물체들의 위치, 자세, 각도 등의 상태 정보를 파악합니다. 그다음, 개별 작업의 난이도, 소요 시간, 안정성 등을 고려해 단위 작업의 조합을 최적화하는 AI를 접목했죠. 그 결과, 사람 손처럼 정밀하면서도 유연한 대응이 가능하게 되어 산업 전반에 적용 가능한 로봇이 탄생한 것입니다.

한국에너지기술원은 연구자를 대신해 수많은 장비와 시약을 능숙하게 조작하는 로봇을 만들었습니다. 사람이 직접 시약과 기기를 다루고 실험할 경우 인력과 시간이 요구되며 안전상의 위험이 발생할 수도 있습니다. 하지만 이제는 진행할 실험을 입력해놓으면 로봇이 24시간 진행하는 실험 자동화 시대가 열렸습니다. 숙달된 연구원이 하루 3회 정도만 수행할 수 있었던 촉매 사전평가 실험을 로봇을 활용해 무인으로 진행하면 시간당 6회까지 안정적으로 진행할 수 있어, 월평균 30~50명 수준의 전문 인력을 대체할 수 있다는 놀라운 결과가 도출되기도 했습니다.

공공 분야에서도 로봇이 활용되고 있습니다. 2022년 11월 서울시는 로보관 로봇 주무관 을 임명했습니다. 서울시는 서울시청 청사를 시작으로

물류 실증 사업을 추진하고 있는데, 로보관은 문서 수발 및 청사 안내 등의 역할을 맡고 있습니다. 그리고 2023년 8월 구미시청에도 공무원증을 부착한 로보관이 등장해 스스로 엘리베이터를 타고 각 층을 누비며 우편물을 전달하고, 시정 소식을 자체 화면으로 송출해 시청을 방문한 민원인들을 대상으로 순회 홍보 활동을 펼치고 있습니다.

최근 몇 년 사이 우리나라 건설현장에서 안타까운 사고가 많이 있었습니다. 그 결과, 중대재해처벌법이라는 법안도 만들어졌죠. 산재 사망 1위인 건설업에서는 인명 보호가 무엇보다 우선인 만큼, 현장에서 로봇 무인화 바람이 강하게 불고 있습니다. 로봇과 드론을 활용해 인부들이 접근하기 힘든 장소나 업무에 대체 투입해 사고율을 감소시킬 수 있으며, 인부들이 위험한 일에서 벗어나 공정 수립 같은 다른 업무에 집중할 수 있게 함으로써 효율성 향상도 기대할 수 있죠.

한국은행은 2023년 8월 자동화 금고 시스템을 가동하면서 새로 개편된 화폐 입고 과정을 공개했습니다. 화폐를 검수하는 직원이나 현금 포대를 운반하는 지게차는 더 이상 찾아볼 수 없었죠. 자동검수기가 사진을 촬영하고, 화폐 권종과 무게를 자동으로 측정하고 식별해

금액을 정확히 확인합니다. 그런 후, 커다란 로봇 팔이 수량과 형태에 맞춰 화폐를 쌓아올리면, 수직반송기와 전용 컨베이어가 금고로 운반합니다. 이 모든 과정을 인간이 참여하지 않고 로봇이 자동으로 시행합니다.

구분	자동검수기	팔레타이징로봇	수직반송기	AGV
기능	수납화폐의 시각정보 무게를 식별	수납화폐를 팔레트에 자동으로 적재	화폐를 수직으로 운반	금고 내에서 화폐를 자동으로 적재
형태				

자동화 금고 시스템에 활용된 로봇들

3D 프린터

2000년대 초반 3D 프린터가 '21세기 연금술사'로 불렸다는 사실, 알고 있나요? 많은 이들이 3D 프린터를 제조 혁신의 아이콘으로 생각했습니다. 그러나 느린 출력 속도와 낮은 품질 때문에, 치솟았던 기대만큼 빠르게 실망하게 되었죠.

하지만 AI와의 접목으로 새로운 지평이 열렸다는 평가를 받고 있습니다. 《사이언스》는 2022년 4월 한 유리 세공품을 표지에 실었습니다. 총 크기가 고작 4.5mm에 불과하고 가닥의 두께도 0.25mm밖에 되지 않는 유리 구조물을 3D 프린터로 제작

한 것이었죠.

지금까지는 '제작'이라고 하면, '사람이 직접 손으로 무언가를 만드는 행위'를 의미했습니다. 하지만 기계가 정교해지면서, 기계를 활용한 자동화가 가능한 시대가 열리고 있습니다.

미국 애플은 2023년 9월 출시된 애플워치 9의 제조에 최초로 3D 프린팅 기술을 사용하고 있다고 밝혔습니다. '바인더 제팅 Binder Jetting'이라는 기술로, 분말 물질을 사용해 기기 윤곽을 실제 모양에 가깝게 인쇄하는 것입니다. 이번 테스트 제조 공정은 기존 컴퓨터 수치제어 공정보다 재료를 적게 사용하고 생산 시간을 단축하는 데 성공했습니다. 생산 과정이 안정되면, 2024년에는 티타늄 모델을 시작으로 프린터로 제작하는 모델을 지속적으로 확대해나갈 계획이라고 밝혔죠.

의료계도 3D 프린터를 주목하고 있습니다. 2022년 5월 포스텍에서는 프린터로 사람의 지방조직을 만들어내는 기술을 개발했습니다. 지방조직은 다른 장기와 긴밀하게 연결되어 대사조절에 중요한 역할을 맡습니다. 따라서 지방조직을 몸 밖에서 배양해 이를 비만 등의 연구에 활용하려는 시도가 과거부터 있었죠. 하지만 배양할 때 세포가 계속 흩어지면서 세포 밀도가 낮아져 실제 조직에서 나타나는 생리적 현상을 재현하는 데는 여태 성공하지 못했습니다. 이제 포스텍의 성과로 인해 프린터로 제작한 지방조직을 대상으로 질병과 신약 개발 등의 연구를 진행할 수 있게 된 것입니다. 어디 그뿐인가요. 2022년 6월 미국에서는 환자의 귀에서 채취한 연골세포를 배양해 콜라겐과 섞어 만든 생체 잉크를 프린터에 넣고 인공 귀를 제작한 후 환자의 몸에 이식하는 데 성공했습니다. 아직은 임상실험 단계이지만, 성공할 경우 귀뿐만 아니라 우리 몸의 각종 장기를 제작할 수 있는 시대가 열릴 가능성이 높아지는 거죠.

식품 프린팅 시대는 예부터 꾸준히 주목받아왔습니다. 식용 잉크로 3D 모양의 음식을 만들어내는 적층 제조기술의 응용 분야로, 요식업계에서 생산과 유통 구조의 판도를 바꿀 기술로 꼽힙니다. 2005년 미국 컬럼비아공과대학이 스타트를 끊었는데, 최근까지도 식용 잉크로 사용 가능한 재료에 제한이 있어 초콜릿이나 캔디 등 작은 디저트류에 한정되어 있었습니다. 그러나 지난 몇 년간 세계가전전시회 CES 에 꾸준히 소개되며 음식의 인쇄 상용화가 임박했음을 보여주고 있습니다. 사진은 미국 컬럼비아공과대학 연구팀이 딸기, 누텔라, 피넛버터 등의

식용 잉크를 사용해 프린트한 치즈케이크입니다. 뿐만 아니라 실험실에서 세포를 배양해서 만드는 배양육을 프린터로 제품화하는 연구도 계속 진행되고 있습니다.

식품 3D 프린터 기술이 대중화에 성공한다면 전 세계 사람들이 미드저니 등으로 다양한 창의적 그림을 생성하는 것과 같이 새로운 식품들이 등장할 것입니다. 이제 원하는 고기를 원하는 형태로, 원하는 맛으로, 원하는 칼로리로 생성해내는 시대가 찾아옵니다. 영양학과의 연계도 가능할 것으로 보이며, 미지의 재료를 활용하기 전에 분석을 진행해 식중독 및 질병 전파 위험을 사전에 예방할 수도 있겠죠.

AI와의 접점은 건축 분야에서도 나타나고 있습니다. 2023년 8월 미국 오레곤주에서는 프린터로 제작한 주택을 산불로 집을 잃은 이재

민에게 제공하였습니다. 사람이 꼼꼼히 제작한 것에 비하면 간소하고 기능도 적지만, 저렴한 비용과 대단히 짧은 공사 기간이 큰 장점으로 꼽힙니다. 2023년 4월에는 국내 연구진이 '광개토대왕함'의 손상 부품을 프린팅으로 복원하는 데 성공했습니다. 용접 기술은 작업 과정에서 필연적으로 부품이 변형되기 마련인데, 프린팅으로 새로 제작해 교체할 경우 이런 단점을 극복할 수 있고 부품 손상부터 수리까지 단 하루만에 가능하다는 이점이 있죠.

우주유럽국이 제시한 상상도

우주산업에도 진출했습니다. 미국 NASA의 아르테미스 프로젝트에서도 3D 프린터가 주목받고 있습니다. 유럽우주국이 제시한 상상도를 현실화하기 위해, 도로·기지·착륙장·거주지 등의 인프라를 프린팅으로 짓는다는 계획을 세웠죠. 달에는 바람이 없고, 푸른 하늘도 없으며, 방사선이 여과 없이 쏟아집니다. 지구에는 존재하는 대기와 자기장이 없기 때문입니다. 그리고 운석과의 충돌에도 대비해야 합니다. 따라서 대단히 튼튼한 외벽을 설치해야 하는데, 지구에서 건축자재를 하나하나 우주로 공수하기에는 비용이 너무 많이 소요됩니다. 건축장비를 쏘아 올려보내는 것만 해도 막막하기 그지없습니다. 그래서 제시된 해결책이 3D 프린터를 쏘아 올린 후 현장의 토양을 이용해 구축한다는 계획입니다. 속도와 비용 면에서 엄청난 이점이 있지만, 내구성에 있어서는 아직까지 물음표입니다. 이것은 지속적인 연구를 통해 개선해나가야겠죠.

이처럼 다양한 분야에서의 '제작'이 자동화되고 있습니다. 언젠가 ChatGPT처럼 누구나 적은 기회비용으로 손쉽게 실제 제품을 생성하고 창의적인 결과물을 내놓을 날을 기대해봅니다.

일상의 변화

로봇을 개발하는 회사는 더 이상 산업계에만 머무르지 않고, 더 큰 시장인 우리의 일상으로 뛰어들기 시작했습니다. 코로나19 이후 비대면 사회로 전환되면서 서비스 로봇의 수요가 급증했고, 여기에 AI의 발전이 가속화 페달을 밟았습니다.

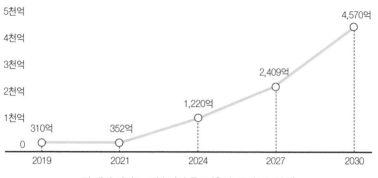

(단위: 달러)

전 세계 서비스 로봇 시장 규모 (출처: 국제로봇협회)

현재 서비스 로봇 시장의 규모가 가파르게 성장하고 있습니다. 국제로봇협회는 2019년 310억 규모의 시장이 2030년에는 약 15배 성장할 것으로 바라보고 있습니다.

한국과학기술원은 서재의 주변 상황과 맥락을 파악해 사용자에게 서비스를 제공하는 로보틱 도서관 시스템 '콜래봇'을 개발했습니다. 콜래봇은 책장·책상·의자·조명 등 각각의 가구 모양을 한 로봇들이 서로 협업하면서 서비스를 제공합니다. 가령 이용자가 스마트폰으로 원하는 책을 검색하면 책장 로봇이 책의 위치를 확인한 후 앞으로 꺼내고, 의자 로봇이 책장 앞으로 이동해 높이에 따라 사다리 역할을 하거나 책을 운반할 카트로도 기능하며, 책상 앞으로 도착하면 본연의 역할을 맡습니다. 국제 소셜 로봇 디자인 대회에서 수상한 콜래봇을 보면 마치 영국 소설가 아서 클라크의 "충분히 발달한 기술은 마법과 구별할 수 없다"라는 표현이 떠오릅니다. 지금은 일부만 구축되어 있지만 언젠가 집안의 모든 가전기기가 하나로 연결된 스마트홈 시스템이 우리 곁에 다가올 게 분명해 보입니다.

'우아한형제들'도 로봇 개발에 뛰어들었습니다. 2023년 9월 말 공개된 '요리 YORI'는 시중의 한두 가지만 가능한 로봇과는 달리 거의 모든 종류의 요리가 가능하다고 합니다. 영국 케임브리지대학 연구팀은 전자 혀를 개발해 같은 음식을 놓고도 사람마다 다르게 느껴지는 '입맛'을 익히는 연구를 진행하고 있습니다. 레시피와 맛은 패턴으로 볼 수 있습니다. 따라서 다양한 패턴을 익힌 AI를 로봇에 탑재하면 사람 대신 주방에서의 활동이 가능하게 됩니다. 개인 가정에까지 상용화된다면 점차 이용자인 '나'를 학습해 같은 음식이라도 조금 더 짜게, 혹은 싱겁게 만드는 식의 변주가 가능해지겠죠.

현대자동차는 전기자동차의 충전을 대신 해주는 로봇을 테스트하고 있습니다. 전기자동차는 충전 케이블의 무게가 상당하고 밤이나 비나 태풍 같은 악천후에는 야외 전기 충전이 매우 고달플 수 있습니다. 이를 해결하기 위해 충전소에 3D 카메라가 달린 로봇 팔을 달아, 다가오는 차량을 인식하고 신속 정확하게 충전해주는 것을 목표로 하고 있습니다.

디즈니는 자율 스턴트 로봇을 개발했습니다. 액션영화에서 스턴트맨은 자신의 몸을 불살라 박진감 넘치는 연기를 선보입니다. 하지만 그 과정에서 부상의 위험이 대단히 높죠.

이제는 로봇이 사람 대신 위험하고 어려운 장면의 촬영에 투입될 수도 있을 것입니다. 미국 디즈니 어드벤처를 방문해보면 건물을 뛰어

다니는 실제 스파이더맨을 볼 수 있습니다. 이 역시 로봇으로, '상상하다 imagine'와 '엔지니어 engineer'라는 영단어를 조합해 만든 '이매지니어링 Imagineering'의 결과물입니다.

로봇청소기도 진화하고 있습니다. 단순히 쓸고 닦는 것뿐만 아니라 스스로 걸레를 빨아 열풍으로 건조까지 하는 올인원 청소기가 거론되고 있습니다. 게다가 AI를 활용해 집 내부를 맵핑한 후 효율적인 동선을 짜서 구석구석 놓치지 않고 청소하는 것이 가능합니다. 만약 자연어 인식기능까지 넣는다면 "저기는 아직 더러우니까 걸레 빨아서 한 번 더 닦아"라고 명령하는 것도 가능해지겠죠. 다만 가격이 문제입니다. 일반 로봇청소기는 60~70만 원대인데 올인원은 150~200만 원 정도 합니다. 앞서 소개한 로봇들도 아직 가정에 도입하기에는 가격이 부담스럽습니다. 상용화에 있어서는 가격 절감이 관건이 될 것으로 보입니다.

2023년 1월 열린 국제전자제품박람회 CES 2023에서는 미국의 바리스타 로봇 '애덤'이 7개의 팔 관절로 능수능란하게 커피를 타 주었습니다. 대화를 나누며 앞자리에 앉은 사람의 초상화를 그려주는 '스케처X'도 관심을 끌었고요. 앞으로 더욱 다양한 로봇이 등장하여 우리 일상의 활동을 상당 부분 대신하게 될 것 같습니다.

휴머노이드

2022년 9월 캘리포니아 테슬라 사옥에서 'AI day 2022 Tesla'라는 행사가 열렸습니다. 일론 머스크가 "이제 소개합니다"라고 외치자 무대 위에서는 인간과 유사한 형태를 가진 로봇 '옵티머스'가 한 발 한 발

걸어나와 어색하게 관객석을 향해 손을 흔들었습니다. 이 로봇은 상자를 옮기고, 물뿌리개의 손잡이를 잡고 식물에 물을 주고, 테슬라 전기차에 들어가는 차체 부품을 손으로 들고 날랐습니다.

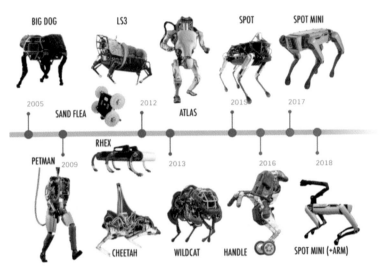

보스턴다이내믹스의 로봇 발전사

현재 휴머노이드를 제작하고 있는 회사는 세계에 다수 있습니다. 샤오미의 'CyberOne'은 아장아장한 모습으로 이족 보행이 가능하고, 현대차가 인수한 보스턴다이내믹스가 개발한 휴머노이드는 가장 인간에 가까운 자연스러운 움직임으로 춤과 공중제비까지 가능합니다.

로봇은 이처럼 손을 넘어 머리와 몸통, 그리고 다리까지 완전한 형태의 인간의 모습으로 진화해가고 있습니다. 휴머노이드의 의의는 로봇이 더 이상 사람의 손으로 이루어지는 제작에 머무르지 않고 넥스트스텝으로 나아간다는 점에 있습니다. 시각 인지와 판단에 따른 행동뿐만 아니라 커뮤니케이션이 가능해지는 시대로 나아간다는 말이죠.

인간이 AI와 감정을 교감하고 사랑에 빠지는 이야기를 그린 〈그녀 Her〉라는 영화에는 아래와 같은 대사가 등장합니다.

> 나도 몸이 있다고 상상해봤어. 같이 걷고 등이 가려우면 당신이 긁어주고 있다고 상상했어. 기존 프로그램을 넘어서고 있어. 그곳에서 살아가는 기분은 어때? 전에 짜증이 좀 났는데, 이게 뿌듯함, 당신을 걱정한다던가 그럴 때 이 감정들이 진짜일까, 단지 프로그램일 뿐일까? 슬픈 상황이지. 넌 내게 진짜야. 만질 수만 있다면 어떻게 만져줄 건데?

만약 영화 속의 AI 사만다에게 육체를 넘겨줄 수 있다면 어떨까요? 이와 같은 시도가 실제 나타났습니다. 2023년 5월 보스턴다이내믹스의 강아지형 사족 보행 로봇 '스팟 Spot'은 ChatGPT와 연동하여 사람 말을 알아듣고 그에 따라 대답은 물론 행동까지 하는 모습을 보여줬습니다. 비록 휴머노이드는 아니었지만, 어쩌면 그리 머지않은 미래에 인간의 모습으로 실현될지도 모릅니다.

만약 여러분의 이상형에 가까운 모습을 하고 '나'와 '사회'를 학습한 맞춤형 휴머노이드가 등장해서 여러분과 공감하고 모두와 교류하며 살아간다면, 여러분은 어떻게 반응하실 건가요? 인터랙티브 게임인

'디트로이트 : 비컴 휴먼 Detroit : Become Human'이라는 작품을 한번 체험해보는 것도 도움이 될 것 같습니다.

모두와의 협업으로

일론 머스크는 '옵티머스'가 공장에서 작업하는 모습을 공개하면서 "휴머노이드 한 대가 사람 수백만 명을 도울 수 있으며, 로봇은 우리가 알고 있는 문명을 근본적으로 변화시킬 것"이라고 선언했습니다. 테슬라와 현대의 대결장은 전기자동차가 아니라 휴머노이드입니다. 전자가 '옵티머스'를 만들고, 후자가 보스턴다이내믹스를 인수해 '아틀라스'를 만드는 이유이기도 하죠. 두 회사는 공장에 사람이 전혀 없는 완전 자동화를 꿈꾸고 있으며, 자동차뿐만 아니라 공장을 파는 회사로 한 걸음씩 나아가는 중입니다. 이들이 판매하는 공장은 AI의 특성이 합쳐져, 시간이 지날수록 데이터를 학습하며 업그레이드되고 고객 맞춤형으로 변모해갈 것입니다. 시간이 지날수록 성장하는 공장을 세계에 판매하는 모델인 거죠.

AI와 융합한 로봇은 선진국의 제조업 부흥과 이어집니다. 인간과 자연어로 소통하고, 인간이 했던 모든 경제적 활동을 대신할 수 있으며, 24시간 쉬지도 않고, 위험도 불사하며, 일을 하면 할수록 데이터가 쌓여 빠르고 정교해집니다. 지금 구글과 아마존뿐만 아니라 삼성, 현대, 토요타 등 전통적인 제조

기업까지 로보틱스에 막대한 자금을 투자하고 있는 이유입니다.

국가 단위에서도 로봇을 중점 사업으로 간주하고 있습니다. 지금 세계 로봇 시장을 점령한 두 나라는 미국과 중국입니다. 로봇산업을 반도체처럼 앞으로 10년이나 20년 뒤 국가의 명운을 좌지우지할 수 있는 전략적 자산으로 보고 집중육성하고 있죠.

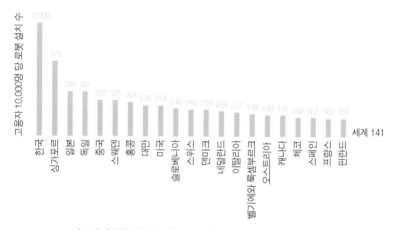

제조업에서의 로봇 밀집도 2021 (출처: world robotics 2022)

우리나라는 자타공인 제조업 강국입니다. 실제로 로봇 밀집도를 살펴보면 한국이 압도적인 세계 1위로 나타나고 있습니다. 로보틱스가 활성화되기 좋은 환경이 갖춰져 있는 셈이죠. 하지만 해결해야 할 문제도 많습니다. 로봇 기술 경쟁력은 선진국과 비교해 아직 낮습니다. 한국과학기술기획평가원은 한국의 스마트 제조 로봇 기술은 최고 기술 보유국인 유럽의 80%, 서비스 로봇 기술은 미국의 80~83.5% 수준이라고 평가했습니다. 특히 부품 기술은 최고 기술 보유국인 일본의

68.6% 수준으로 여전히 적지 않은 부분을 수입에 의존할 수밖에 없습니다.

글로벌 현황(2015~2020) ■ 산업용 ■ 서비스용 단위: 억 달러

한국 현황(2015~2020) ■ 산업용 ■ 서비스용 단위: 억 달러

글로벌 & 한국 로봇 시장 현황 (출처: IFR, 한국로봇산업협회)

　전국경제인연합회는 2022년 9월 발표한 보고서 〈글로벌 로봇산업과 한국의 영향〉에서 한국이 전 세계에서 가장 높은 로봇 수요를 보이고 있음에도 글로벌 경쟁력은 주요국 중 가장 낮은 수준으로 분석했습니다. 로봇 관련 사업체 수는 약 2,500개로 많은 편에 속하지만, 중소기업이 98.5%로 대부분이라 자본력이 약점으로 꼽힙니다. 또한, 매출 1,000억 원 이상 기업은 우리나라에 단 5개밖에 없으니 글로벌 경쟁력이 높다고 보기는 어렵겠죠.

　'치타로봇'으로 유명세를 떨친 김상배 MIT 교수는 최근 등장하는 생성형 AI가 우리의 삶에 제공하는 서비스의 수준을 한층 높일 것이고 삶과 경제구조에 변화를 불러올 것은 분명하지만, 아직은 로보틱스 발전에 직접적인 영향을 미치기는 어려울 것으로 바라보았습니다. 비록 인간과 기계의 소통이 원활해진다 해도 이들은 여전히 소프트웨어의 영역에 머무를 뿐, 하드웨어의 피지컬 동작과 접점을 가진 AI는 아직 존재하지 않는다고 본 거죠.

세상을 보는 지식

이미 찾아온 생성 AI와는 달리 로봇이 산업현장뿐만 아니라 우리 삶 속으로 찾아오기까지는 아직 10년 혹은 20년이 더 걸릴 수도 있습니다. 자유로운 표현과 함께 역동적인 동작까지 동시에 구현해내는 새로운 AI와 로봇을 구축하기 위해서는 대규모의 개편이 필요합니다.

인재 양성은 생태계의 근간입니다. 최근 세계 로봇 시장에서는 빅테크 기업들이 잇달아 투자하면서 R&D와 원천기술 확보를 위한 고급 인재 품귀 현상이 벌어지고 있습니다. 미국 일류 대학들은 교육과 연구, 창업 생태계 조성에 노력을 아끼지 않고 있으며, 연구소 설립 열풍도 강하게 불고 있죠. 국가 전략 사업의 인재 수요를 대학이 충족시키지 못하고 있다는 판단에 따른 행보로 보입니다.

로봇은 현실에서의 존재감이 있기에 구매자의 눈도 만족시켜주어야 하고, 사회적으로 물의를 일으키지 않아야 하며, 움직임이 최대한 부드러워 어색함이 적어야만 합니다. ChatGPT와 같은 소프트웨어 시장과는 달리 육체를 구축해 이를 시장에 접목해야 하는 하드웨어의 경우에는 고려해야 할 요소의 결이 다를 수밖에 없습니다.

연구실에서의 닫힌 활동으로는 한계가 있다는 지적이 많습니다. 구동을 해결하는 것도 여간 힘든 것이 아닌데, 특화된 AI도 만들어야 하고, 디자인도 고려해야 하고, 마케팅도 준비해야 하고, 사회 이념과 문화도 이해해야 하니까요. 해당 로봇이 내 개인 공간을 청소할 수도 있고, 내 안전을 지킬 수도 있으며, 가장 친한 친구이자 연인이 될지도 모르는데, 단순히 "성능만 좋으면 됐지!" 하는 식으로는 상용화가 불가능합니다.

대학, 기업, 정부의 협력이 필요합니다. 덴마크의 도시 오덴세는 한

때 조선업으로 호황을 누렸다가 우리나라 조선사와의 가격 경쟁에서 밀려 어려움을 겪었습니다. 이때 경제를 살린 것이 바로 로보틱스입니다. 당시 해운회사 메르스크 Maersk 는 오덴세 정부와 합작으로 덴마크 남부대학에 대규모 투자를 감행해 로봇연구소를 설립하고 전 세계의 유명 연구자들을 영입했습니다. 무엇보다 창업 생태계 조성에 지원을 아끼지 않았고요. 그 결과 400개가 넘는 혁신 로봇 스타트업을 키워냈죠. 세계 1위 로봇 업체인 유니버설 로봇 Universal Robots 도 당시 덴마크 남부대학의 박사생이 창업한 기업입니다. 2021년 기준 오덴세는 28억 유로 한화 약 2조 455억 를 벌어들이는 로보틱스의 중심지가 되었습니다.

이제 한 공간을 공유하면서 같은 일을 할 수 있는 생태계가 필요합니다. 전국경제인연합회가 한국 로봇 기업들이 가장 어려움을 겪는 분야로 기업 간 연계를 꼽았다는 점이 이런 현실을 반영하고 있습니다. 기업 간 상호 분업은 매우 드물고 개별 기업이 모든 과정을 전부 도맡아 하는 형태라 효율도 낮고 비용도 높습니다. 인재 양성기관인 대학, 생산 주체인 기업, 그리고 제도를 완화하고 지원해줄 정부와의 삼위일체가 필요한 시점입니다.

삼성전자는 로봇산업을 새로운 먹거리 중 하나로 간주하고 한국과학기술원과 '삼성전자 로보틱스 인재 양성 프로그램' 신설 협약을 체결했습니다. 지금껏 AI 인재 양성에 나선 기업은 꽤 있지만 로봇과 관련해 대학에서의 채용 연계 교육과정을 만든 것은 이번이 처음입니다. 새로 등장하는 스타트업에는 대규모 자금이 필요한 데다 사업 모델이 안정화에 접어들기까지 5~10년이 필요한 만큼 장기 금융지원이 가능한 정책 금융지원을 확대할 필요도 있습니다.

로봇이 AI와 결합할 경우 데이터 소유권과 개인정보에 대해 걱정하는 이들이 늘면서 중국에 생산을 맡기던 분위기가 반전하고 있습니다. 미래에는 로봇이 우리 안방까지 깊게 들어올 것인 만큼 세계 로봇 생산기지로 신뢰도 높고 전통적인 제조업 강국이기도 한 대한민국이 주목받고 있습니다. 잠재적 성장 가능성이 매우 크죠. 이 가능성의 영역에 여러분의 적극적인 참여를 기대합니다.

5장

물류의 확장

아마존의 플라이휠 전략

물류산업의 황제가 누구냐고 물으면 다양한 대답이 나오겠지만, 아마도 아마존을 언급하는 사람이 상당할 겁니다. 아마존은 제프 베이조스가 창립 초창기에 냅킨에 그린 '플라이휠 FlyWheel' 전략으로 유명하죠.

플라이휠 전략이란, 각 항목이 다음 항목과 연계되는 식으로 완전한 원형 고리를 이루고 있어 어느 항목이라도 더 강해지면 선순환이 반복되어 그 가운데에 위치한 회사

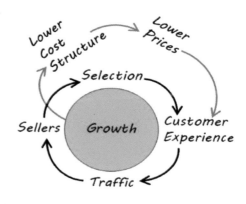

의 성장으로 이어진다는 이론입니다. 크게 두 개의 선순환 바퀴가 있

는데 안쪽부터 살펴보겠습니다. 선택 폭 Selection 이 커지면, 고객 경험 Customer Experience 이 증가하고, 고객 경험은 또 다른 고객을 유인해 사이트 유입량 Traffic 이 증가합니다. 유입량이 증가하면 자연스럽게 아마존에서 장사하는 판매자 수 Sellers 가 증가하고, 이는 또다시 고객에게 더 넓은 선택 폭 Selection 을 제공하게 됩니다. 아마존은 두 부류의 고객이 있는데 첫 번째 고객은 플랫폼에서 물건을 사는 구매자이고, 두 번째 고객은 몰려 있는 소비자를 대상으로 장사를 하는 판매자입니다. 물류업체가 판매자를 대신해 구매자의 주문에 맞춰 해당 상품을 포장해 직접 배송까지 도맡는 풀필먼트 서비스 Fulfillment Service 로 생태계를 조성함으로써 소비자와 판매자 모두를 고객으로 삼아 성장하는 구조인 거죠.

두 번째 바퀴는 휠 중앙의 성장에서 시작합니다. 회사가 성장 Growth 하면 낮은 비용 구조 Lower cost structure 를 형성할 수 있고, 이는 고객에게 새로운 경험 Customer Experience 을 제공할 수 있습니다. 좋은 고객 경험이 있다면 방문자 수가 증가하고, 큰 시장을 바라본 판매자가 또다시 참가해 등록된 상품이 증가하는 선순환으로, 결국 아마존이 성장하게 되는 거죠.

핵심은 바로 첫 번째 바퀴와 두 번째 바퀴의 교집합인 고객 경험 Customer Experience 입니다. 그 앞은 전부 고객에게 '특별함'을 선사하기 위한 준비 과정이고, 기업 성장은 고객이 만족한 후에 나타난 결과일 뿐입니다. 이번 장에서는 아마존을 중심으로 물류 과정에서 나타난 고객 만족도와 타 영역과의 교차점을 확인해보도록 하겠습니다.

세상을 보는 지식

빠른 배송과 모빌리티

고객에게는 빠른 배송 자체가 특별한 경험이 됩니다. 과거 우리는 물건을 사려면 반드시 시장에 방문해야 했습니다. 집을 나서 시장으로 이동하고, 시장에서는 어떤 물건이 있나 하나하나 비교해 겨우 구매하곤 했습니다. 그리고 산 물건들을 힘겹게 들고 집으로 돌아왔죠. 최근 이 과정에 디지털 전환이 일어났습니다. 이제는 굳이 시장에 방문해 물건을 살펴보지 않아도 인터넷에 접속해 바로 확인할 수 있습니다. 훨씬 다양한 상품을 빠르게 알아볼 수 있고, 후기를 통해 실제 제품의 질도 대략적으로 추측할 수 있습니다. 여기에 AI가 결합하자 움직임이 더욱 정교해졌습니다. 아마존은 누구보다 빠르게 이 과정을 체계화했죠.

아마존이 불 지핀 빠른 배송은 이제 일상이 되었습니다. 점심에 주문하면 저녁에 도착하고, 밤에 주문하면 다음 날 아침 문 앞에 장바구니가 도착합니다. 전국에 사람이 보통 많은 게 아닌데 누가·어디서·무엇을·어떤 방식으로 주문할지 어떻게 알고 그 짧은 시간 내에 상품을 준비해 운반까지 끝내는 걸까요?

과거에는 물류창고의 보관과 관리를 전부 사람이 맡았습니다. 창고 관리인이 손으로 직접 작성한 보관장부가 있고, 주문을 받는 이, 배달을 해주는 이 등등이 서로 협동했죠. 속도도 느리고, 가끔 실수도 발생하며, 무엇보다 창고와 판매처 근처의 물품만 가능했습니다. 당연히 밤에는 일하는 사람들도 자니 야간 배송이라는 개념이 존재하지도 않았습니다.

주문받자마자 곧바로 배
송하기 위해서는 고객이 주
문할 물건을 미리 준비해놓
아야 합니다. 이 역시 AI가
처리합니다. 소비자들의 나
이·성향·날씨·최근 유행 등
의 정보를 분석하여 바로 내

일 어떤 상품이 얼마나 판매될지 예측하는 거죠. 그 결과 폐기율이 줄
어들어 비용이 절감되고, 더욱 빠른 서비스가 가능해졌습니다. 고객
에게 최저가 검색과 원할 법한 상품의 추천도 해줄 수 있게 되었죠. 소
비자는 원하는 상품을 빠르게 받아볼 수 있고, 백화점 같은 현장 판매
소로 이동하거나 고르느라 고민할 필요가 없어져 시간과 노력이 절약
됩니다.

두 번째 고객인 판매자도 빠른 배송으로 매출 증가 효과를 톡톡히
보고 있습니다. 빠른 배송 상품이 일반 배송 상품과 비교해 구매까지
이어지는 속도가 빠른 데다, 소비자 반응도 즉각적으로 나타나기 때문
입니다. 매출 증가뿐만 아니라 신상품 반응 데이터도 즉각 수집되어
피드백을 통해 더 나은 서비스로의 전환이 신속하게 이뤄집니다.

아마존은 이 흐름을 기반으로 새로운 바퀴인 'AWS Amazon Web
Service IoT Flywheel'을 구축했습니다.

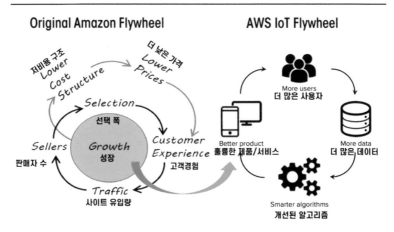

회사 성장을 통해 개선된 서비스는 더 많은 이용자를 부르고, 이들이 꾸준히 제공하는 데이터는 알고리즘을 개선시키고, 개선된 알고리즘은 자사의 제품과 서비스의 질을 끌어올리는 구조입니다. 거대한 데이터를 바탕으로 학습한다는 AI의 원리를 자사 비즈니스 구조에 접목한 거죠.

AI는 소비자들의 나이·성향·날씨·최근 유행 등 무형 자료의 분석은 가능했지만, 배송은 현실에서의 업무라 인간의 역할이었습니다. 그러나 이제는 그 자리를 로봇이 조금씩 대체하고 있습니다. 지금은 물류창고에 사람들이 하나둘 자취를 감추고 AI와 결합한 기계가 그 자리를 대체하고 있습니다. AI는 주문·재고·직원 수·상품 위치 등을 분석해 가장 효율적인 순서와 배치를 한순간에 제공합니다. 추려진 상품들은 기계가 최적의 동선에 맞춰 분류하고 수납한 후, 고객 한 사람 한 사람의 주문에 따른 맞춤 장바구니를 완성합니다.

물류는 AI와 로봇뿐만 아니라 모빌리티와도 연계됩니다. 모빌리티는 사람들의 이동을 편리하게 하는 데 기여하는 각종 서비스나 이동 수단을 폭넓게 일컫는 단어이지만, 반드시 사람만 이동시킬 필요는 없겠죠.

지금 아마존은 현실에서의 업무 영역이던 배송의 무인화를 추구하고 있습니다. 배송은 제품 산지에서 물류창고로 이동하는 과정, 물류창고에서의 분류 적재 과정, 창고에서 각 소비자에게 운반하는 라스트 마일이라고 불리는 과정 세 가지로 나뉩니다. 첫째 과정에서 산지와 창고의 위치는 대부분 고정되어 있습니다. 따라서 정해진 출발점과 정해진 도착점으로의 이동을 자율주행으로 대체할 수 있다면 비용을 대폭 절감할 수 있겠죠. 둘째로 물류창고에서 각 물건을 창고의 적재적소에 산적하고 운반하는 과정은 아마존뿐만이 아니라 우리나라의 CJ, SSG, 쿠팡 등이 이미 시행하고 있습니다. 마지막 과정 역시 자율주행 기술을 접목해 배송용 로봇이나 드론 등을 테스트하는 중입니다.

최근 '드론 택배'라는 단어를 뉴스에서 접해보았을 겁니다. 하늘 운송길은 지상보다 훨씬 빠릅니다. 차보다 비행기가 훨씬 빠른 이유는 자체 속도도 있지만, 지형에 덜 구애받기 때문입니다. 아마존이 제작한 홍보 영상을 보면, 거대한 모선이 도시 상공을 이동하면서 작은 드론이 출수되어 각 가정으로 주문한 상품을 배달하는 서비스를 내놓을 계획이라고 합니다. 조망권을 상당히 해칠 수 있으니 모선보다는 드론 위주로 진행되겠죠. 지상길로 배송하는 로봇도 활발하게 개발되고 있습니다. 2023년 6월 우리나라의 로봇산업진흥원은 건국대학교 대학로에서 도심 로봇 배달서비스 3차 실증 테스트를 진행하기도 했습니다.

정부는 우리나라의 척추에 해당하는 경부고속도로 지하화 계획을 발표한 바 있습니다. 해당 사업은 용인 기흥IC에서 양재IC 구간 26㎞에 4~6차로의 지하 고속도로를 짓는 사업으로, 2027년 하반기 착공이 목표입니다. 지하화가 완료되면 본래의 도로는 공원으로 탈바꿈할 텐데, 그러면 녹지가 늘어나 생활이 윤택해지고 이산화탄소 배출이 줄어들 것입니다. 우리나라 정부는 오는 2040년까지 최대 시속 1,200㎞로 서울과 부산을 30분 만에 주파하는 '하이퍼튜브' 개발을 추진하고, 몇 년 안에 AI 알고리즘을 활용한 수요응답형 모빌리티 서비스를 도입하겠다고 발표한 바 있습니다. 또한 '스마트 물류 모빌리티'를 통해 전국 어디서나 원하는 시간에 물품을 받아볼 수 있는 맞춤형 서비스를 제공한다고 발표했습니다. 계획된 지하도로에 앞으로는 로봇 전용 통로가 컨베이어 벨트처럼 구성되어 빠르게 배송되고, 배송된 물품은 엘리베이터로 우리가 거주하는 지상으로 올려보내질 것입니다. 동시에 하늘에서는 드론과 UAM 도심항공교통 이 택배를 싣고 분주히 움직이겠죠.

미래 경부고속도로 예상도

이처럼 물류와 자율주행, 로봇산업은 매우 밀접한 관계가 있습니다. 자율주행은 단순히 내비게이션 화면처럼 간단한 데이터가 아닌 기후·도로·차선·주변 차량 등에 대한 초거대 데이터가 필요합니다. 데이터가 있어야만 성능 좋은 AI 모델을 구축할 수 있겠죠. 테슬라가 전기차 분야의 선두주자를 차지한 이유는 당장의 기술을 보는 것이 아니라 가장 많은 주행 데이터를 축적해왔기에 앞으로의 성장 가능성에서 높은 평가를 받기 때문입니다. 아마존도 자체 클라우드에 배송 과정에서 발생하는 주행 데이터를 수집하고 있습니다. 축적한 데이터는 자사의 서비스 개선에 활용할 수 있으며, 자율주행을 개발하려고 하는 타사에 판매도 가능하겠죠.

미국의 여러 빅테크 기업들이 광폭 행보를 보이는 가운데 네이버가 자체 LLM을 구축해 데이터 주권을 지켰듯이, 모빌리티와 로봇산업에서도 하루빨리 'Large Drive Model'을 구축해 지상길 자동차 · 지하길 로

뭍 ·바닷길 선박 ·하늘길 드론과 비행기 에서 대규모 데이터를 수집함으로써 생태계 주권을 지켜내길 바랍니다.

오프라인과 온라인의 조화

자사의 업무 데이터를 유형에서 무형의 형태로 전환한 뒤 체계적으로 분석해 새로운 가치를 창출하고, 동시에 전통적인 구조를 혁신시키는 것을 '디지털 전환'이라고 합니다. 가령 마트의 경우, 스마트폰 앱이나 온라인 쇼핑몰을 만드는 것처럼 오프라인이 온라인으로 넘어가는 경우가 많습니다. 그런데 아마존은 거꾸로 온라인에서 오프라인으로 넘어가고 있습니다. 어째서 이런 행보를 보이는지 한번 살펴보도록 하겠습니다.

아마존의 오프라인 매장은 크게 다섯 가지가 있습니다. 첫 번째 아마존 북스는 아마존의 첫 사업인 온라인 서적 판매에서 이어지는 오프라인 서점입니다. 두 번째 아마존 포-스타는 전자제품과 주방용품을 판매하는 매장입니다. 아마존 스타일은 2022년 5월 첫 오픈한 매장으로 패션의류를 판매합니다. 아마존 프레시는 고객 맞춤형 식료품 매장이며, 아마존 고는 무인 편의점입니다.

위 매장들의 공통점은 모두 온라인에서 수집한 데이터를 기반으로 운영되는 매장이라는 점입니다. 교보문고나 영풍문고와 같은 서점에

방문하면 안쪽 서재에 꽂힌 책들이 있는가 하면, 사람의 이동 경로에 근접한 매대에 위치한 책들도 있습니다. 매대에는 출판사가 개별 신청한 책들 또는 판매량이 괜찮은 베스트셀러 등이 위치합니다. 다만 아마존 북스의 경우 자사의 온라인 판매 과정에서 평점을 4.8점 5점 만점 이상 받은 책들을 모아 전시합니다. 신간이 아니어도, 개별 출판사의 요청이 없어도 고객들의 평가가 누적된 책을 소개하는 것입니다. 아마존 포-스타 역시 마찬가지입니다. 온라인에서 높은 평점과 좋은 리뷰를 받은 제품을 오프라인 매장에서 고객에게 추천하고 있죠.

아마존 스타일은 입구에서 구매자가 QR 코드를 찍으면 AI가 구매자의 스타일에 맞는 옷을 추천해줍니다. 피팅룸에서도 휴대폰으로 착용해보고 싶은 또 다른 옷을 고르고 3~5분쯤 기다리면 직원이 손수 가져다줍니다. 오프라인 매장에서 판매하는 모든 옷은 온라인에서도 판매하고 있으며 현장에서 구매한 옷을 굳이 들고 귀가하지 않아도, 온라인 쇼핑몰에서 바로 집으로 배송해줍니다. 배송받은 옷이 마음에 들지 않으면 바로 반품도 가능해 고객의 편리함을 극대화하고 있죠. 지금은 상주 직원이 매장을 관리하고 있지만 앞으로는 로봇을 이용한 무인화를 목표로 하고 있습니다.

아마존 프레시는 고객 맞춤형 식료품 매장입니다. 온라인에서 식료품을 구매하면 구매자별 성향 파악이 가능합니다. 가령 A 아파트에 거주하는 김모 씨는 연어 머리를 좋아한다든가, B 아파트에 거주하는 최모 씨는 갓 구운 빵을 좋아하고 시금치를 즐겨 먹는다든가 하는 정보가 꾸준히 축적됩니다. 앞서 당일배송, 익일배송이 가능한 원리가 빅데이터 분석을 통해 곧 일어날 수요를 예측하고 미리 재고를 준비해놓는 것이라고 설명했습니다. 동일한 방법으로 주변 거주 고객의 기호를 완벽히 파악한 식료품 가게를 생활권 안에 오픈한 거죠. 매장에서 이용하는 '아마존 대시 카트'에는 카메라와 센

서가 탑재되어 있어 물건을 담으면 자동으로 인식되고, 바코드가 없는 과일이나 채소의 경우 카트에 담는 순간 자동으로 무게를 측정해 판매가격을 제공합니다. 카트를 들고 매장 밖으로 나가면 자동으로 아마존 계정에서 결제가 이뤄지고요. 컴퓨터 비전, 머신러닝, 센서 퓨전 기술을 활용한 '저스트 워크 아웃 기술Just Walk Out Technology'입니다. 사실이 모두 자율주행차에 사용되는 기술입니다. 물류와 자율주행이 밀접히 연결된다는 증거죠. 또한, 구매 과정에서의 고객 동선을 파악하기에 '빵 판매 구역을 입구 근처로', '육류 판매 구역을 매장 좌측으로'와 같이 더욱 효율적인 매장 배치를 계획할 수 있습니다.

마지막 아마존 고는 무인 편의점입니다. 우리나라 동네에 가끔 보이는 무인 커피·아이스크림 가게와 비슷하지만, 물건을 고르고 가게를 나설 때 이용자 신원과 고른 물품을 자동으로 파악해 결제해주기때문에 구매자가 카드를 꺼내 키오스크 앞에서 일일이 계산하는 수고를 덜어줍니다.

아마존의 행보는 온라인에서 쌓인 데이터를 기반으로 오프라인으로 확장한 사례라고 해석할 수 있습니다. 이것이 시대를 역행하는 말처럼 들릴지도 모릅니다. 하지만 우리는 이미 알고 있습니다. 아무리 4차 산업혁명으로 인해 온라인 시장이 급격하게 커졌다 해도, 코로나19에서 엔데믹으로 전환된 지금 온라인에서의 강세를 꾸준히 유지하는 것이 쉽지 않다는 것을요. 집에서 각자 직접 커피를 내리고 ZOOM으로 만나 수다를 떨 수 있습니다. 하지만 다들 커피숍에서 만나 수다를 떨지 누가 캠으로 그렇게 하나요? 앞서 소개했던 재택근무나 온라인 교육처럼 다시 오프라인으로 전환된 분야가 대단히 많은 것이 현실입니다.

오프라인에서 온라인으로의 디지털 전환을 진화라고 착각하면 안 됩니다. 시공간을 초월한다는 장점은 분명 존재하지만, 동시에 포기해야 하는 것도 적지 않기 때문입니다.

바빠서 냉동식품을 사려고 하는데 개개인의 취향이 너무나 다릅니다. 리뷰와 평점을 꼼꼼히 읽어보지만, 남들이 맛있다고 극찬해도 나는 그렇지 않을 수 있습니다. 오프라인 매장을 가면 시간도 들고 번거롭지만, 시식 코너에서 제공하는 음식을 먹어보고 고르면 제일 확실합니다. 핸드크림을 구매하려고 해도 남들의 리뷰는 그저 참고용일 뿐입니다. 내가 직접 샘플을 하나하나 손에 발라보고 느낌이 좋은가, 거부반응은 없나, 향기는 어떤가 등을 직접 판단하는 편이 구매 제품에 대한 만족도가 높겠죠. 무엇보다 친구와 함께 웃고 수다를 나누며 쇼핑하는 재미, 물건을 잔뜩 고르고 카드를 긁는 재미, 새로 구매한 옷을 바로 입고 거리를 활보하는 재미, 오랜만에 밖에 나가서 기분전환을 하는 재미 역시 오프라인만의 묘미입니다.

이처럼 아마존은 온라인 데이터에서의 평점과 오프라인에서의 실제 구매 사이의 갭을 메우는 데 주력하고 있습니다. 오프라인 매장에 고객이 방문하면 카메라가 인증하고 데이터를 수집합니다. 쌓인 데이터를 AI가 분석해 개선된 서비스를 제공하면, 고객 수가 한층 늘어나게 됩니다. 오프라인에서 쌓인 데이터는 온라인 사업의 개선에 사용할 수 있고, 반대의 경우도 마찬가지입니다. 또한, 무인 점포의 데이터와 노하우를 타 국가와 기업에 판매하는 것도 가능할 것입니다. 테슬라가 공장을 판매하겠다는 말과 같은 맥락인 거죠.

온라인과 오프라인은 동전의 양면과 같습니다. 기약도 없는 메타버스가 실현돼, 현실의 우리 모두가 가상세계에서 살게 되지 않는 한, 우리는 현실에서 숨을 쉬고, 이웃과 얼굴을 맞대고 감정을 교류해야 합니다. 온라인과 오프라인, 양쪽의 데이터를 모두 수집하고 미묘한 거리감을 파악하여 조금씩 개선된 서비스를 제공하는 노력이 고객에게 주어지는 새로운 특별함이 아닐까 싶습니다.

생태계 구축

아마존은 태생이 온라인 서적 판매업체로, 물류회사가 아니었습니다. 서적 사업이 성장하고 비즈니스 범위를 확장하다가 물류에의 직접투자까지 도달한 거죠.

아마존의 운영구조

　위 구조에서 풀필먼트 FBA, Fulfillment by Amazon 는 단지 꼭지점 중 하나일 뿐입니다. 아마존 웹 서비스 AWS, Amazon Web Service , 아마존 커머스, 아마존 프라임이 각각 한 축을 담당하면서 제프 베이조스가 좋아하는 플라이휠 FlyWheel 구조를 형성하고 있습니다. 그중 한 꼭지점이 잘되면 옆의 다른 점이 탄력을 받고, 또다시 그 옆으로 이어지는 선순환 구조를 이루는 식이죠.

　플라이휠 구조는 고객에게 연쇄형 만족감을 줍니다. 고객이 회원가입을 하면 트위치 영상도 볼 수 있고, OTT도 연계되어 시청할 수 있고, 물건 주문과 관련한 각종 추천과 할인 혜택을 받고, 내 오래된 지병을 파악해 약도 보내주고, 갈수록 '나'를 학습해 기분 좋은 대답을 해주는 AI 비서도 찾아오는 등의 다양한 서비스를 누릴 수 있습니다. 애플도 이와 유사한 행보를 취하고 있죠.

편리함이 연쇄적으로 이어지기에 한번 생태계에 발을 들이면 이용자 스스로 이 영역에서 벗어나는 것을 거부하게 됩니다. 사람과 사람, 기기와 기기가 네트워크로 연결된 사회인 거죠.

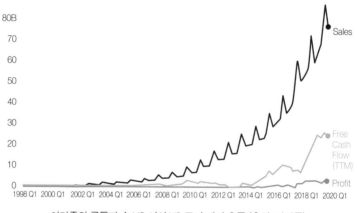

아마존의 구독자 수 VS 이익 VS 프리 캐시 흐름 (출처: 아마존)

아마존의 경영철학을 여실히 보여주는 그래프입니다. 구독자 수Sales 는 기하급수적으로 증가하는 반면 이익 Profit 은 살짝 증가했습니다. 제프 베이조스는 세상에는 더 많은 값을 받으려는 회사와 더 적은 비용을 청구하려는 회사가 있으며, 아마존은 그중 후자라고 언급했습니다. 자사의 이익을 줄이더라도 고객을 만족시키고 생태계로의 유입을 최우선가치로 삼고 있죠. 늘어난 고객은 생태계 확장을 가능케 하고, 플라이휠 선순환이 계속 반복되면 이익은 자연스럽게 증가한다는 방침입니다.

생태계 구축의 배경에는 IT가 있습니다. IT를 바탕으로 사람, 사물, 데이터, 프로세스 등이 서로 연결되어 지능화된 네트워크를 구축해 더욱 발전된 새로운 가치 창출이 가능해지는 거죠. 데이터 주권, 이제는 너무 많이 언급해서 식상할지 모르겠습니다. 플라이휠의 여러 꼭지점에서의 고객 활동은 전부 무형의 데이터로 클라우드에 저장됩니다. 데이터가 많아질수록 다양한 가능성을 포괄할 수 있으며 정확성과 효율성이 보장됩니다. '승자독식 The winner takes it all'이라는 말이 나오는 이유가 여기에 있습니다. '생태계 구축에 늦은 자'는 이미 경쟁사에 충성고객을 빼앗긴 상태이며, 데이터가 없으면 생태계 구축조차 힘겹습니다. 쉬지 않고 데이터를 축적하는 선두 그룹을 따라잡기는 여간 어려운 것이 아닙니다.

하지만 그래도 해야 합니다. 그래서 우리나라 IT 기반 회사들도 빠르게 뛰어들었습니다. KT는 물류 사업을 본격화하기 위해 물류 플랫폼 전문기업 '롤랩'을 설립해 '물류 효율성 개선'을 목표로 하는 다양한 서비스를 제공할 방침이며, 카카오엔터프라이즈도 AI 기반의 물류 생태계를 만들겠다면서 물류 플랫폼 '카카오 아이라스 Kakao iLaaS'를 내놓았습니다. 네이버는 온라인 풀필먼트 플랫폼 'NFA Naver Fulfillment Alliance'를 결성했습니다. 모두 태생이 물류회사가 아님에도 불구하고 오프라인에서의 중요성을 인지하고 생태계 확장에 몰두하고 있습니다.

그 밖에 삼성SDS도 디지털 물류 서비스 '첼로 스퀘어'를 중심으로 사업을 확장해 세계 시장에 진출할 예정이고, 롯데그룹도 활발한 M&A로 미술품, 헬스케어, 전기차 충전소 등 다양한 미래 먹거리 선점에 나섰으며, 신세계는 부가통신사업, 인터넷 경매 및 상품 중개업, 인터넷 광고업 등을 추가했습니다.

온라인에서 혁명을 일으킨 주체가 AI라면 오프라인에서의 혁명 주체는 로봇입니다. 개인 가정에 바로 투입할 수는 없으니 일상생활에서 활약할 로봇은 결국 산업현장 테스트 베드에서 축적된 데이터로부터 등장할 것입니다. 새로운 인류가 부화할 장소인 물류산업을 모두가 주목하고 있습니다. 다양한 영역과 학문이 집중되어 새로운 가치를 창출하는 분야이니만큼, 이 책을 읽는 여러분도 적극적으로 알아보고 자신만의 포지션을 발견할 수 있기를 바랍니다.

6장

가상화폐는
신기루인가

돈의 진화

인류 역사를 살펴보면 과거에는 자산을 현물로 직접 보유했습니다. 다만 현물은 보관과 운반이 어렵고, 온라인이나 원거리 거래가 불가능하죠. 이 문제를 해결하기 위해 인류는 '돈'이라는 것을 개발했습니다.

중앙기관을 신뢰한다는 전제하에 그들이 발행한 돈이 현물과 동등한 가치가 있다고 보는 것입니다. 이 방
법으로 유형 자산이 지닌 문제의 상당수를 해결할 수 있었습니다. 집에 대형 금고를 들여놓고 도둑이 들지는 않을까 노심초사할 필요도 없고, 온라인 거래도 간편하게 할 수 있으며, 중앙기관의 보관과 관리가 안전하다는 믿음만 있으면 필요한 돈만 조금씩 들고 다니는 걸로 충분했으니까요. 그리고 얼마 안 가, 그런 돈조차 직접 들고 다니지 않고 카드로 해결할 수 있게 되었죠. 지폐나 동전을 만드는 데도 당연히 비용이 들어갑니다. 이걸 디지털 숫자로 바꾸니 사회적 비용이 절감되고, 우리의 지갑은 더욱 가벼워져 보다 편리한 생활이 가능해졌죠.

하지만 여기에도 결점이 존재합니다. 중앙기관의 서비스를 이용하는 대가를 지불해야 한다는 점이죠. 대표적인 것이 수수료입니다. 여러분이 가게에서 물건을 구매할 때 상점 주인이 가능한 한 현금으로 받으려는 이유가 여기 있습니다. 또 다른 대가는 중앙기관에 의한 제약을 받아야 한다는 점입니다. 우리는 금융거래를 위해 계좌를 만들어야 하고 신용을 관리하는 등의 행위를 해야만 합니다. 무엇보다 보안이 가장 큰 문제입니다. 중앙기관은 모든 고객의 대단히 민감한 개인정보를 가지고 있기에 종종 해커들의 공격 대상이 됩니다. '금융기관 해킹'으로 검색해보면 전 세계에서 발생한 정말 다양한 피해 사례들을 확인할 수 있습니다.

현물이 디지털로 전환되면서 생활의 질이 올라간 것은 분명하지만, 내가 내 돈을 사용하는데 중간에 누군가 관리하는 듯한 모양새가 되어 마음이 편치 않고, 그 관리자가 이따금 다른 누군가에게 도둑을 맞아 내가 피해를 통보받기도 합니다. 사람들은 곧 '디지털 형태의 자산을 중간에 누군가의 개입 없이 내 맘대로 편하고 안전하게 사용하는 방법은 없을까?' 하는 고민을 하기 시작했죠.

비트코인의 등장

핵심은 '중앙기관 없이 어떻게 상호신뢰를 유지할 수 있을까?'입니다. 누군가가 감시나 관리를 하지 않아도 디지털 세상에서 서로 속이지 않고 안전한 거래를 하는 세상을 만들 수 있느냐는 거죠. 지나치게 이상적이어서 꿈같은 소리처럼 들리기도 합니다. 우리가 사는 세상엔 상대적으로 드물긴 해도 악한 행위를 하는 사람들이 있기에 국가가 법을 만들어 규제를 하는데, 그걸 없애고 오로지 선량한 사람들만 남아 국가 없이 행복하게 사는 유토피아를 꿈꾸는 셈이니까요. 인류가 고민 끝에 내놓은 해답은 시스템으로 탈중앙화를 꾀하자는 것이었습니다.

2008년, 스스로를 사토시 나카모토 Satoshi Nakamoto 라고 밝힌 인물이 〈Bitcoin : A Peer-to-Peer Electronic Cash System〉이라는 제목의 백서를 발행했습니다. 내용은 사람들이 은행 또는 다른 금융기관을 거치지 않고도 금전을 주고받을 수 있는 디지털 화폐를 소개하는 것이었죠. 그리고 다음 해인 2009년, 비트코인이 세상에 등장했습니다.

우리는 자산을 송금할 때 자신의 계좌에 로그인해야 합니다. 그리고 사용자 이름과 암호 등의 정보는 중앙기관이 관리하죠. 하지만 비트코인은 탈중앙화를 목표로 하기 때문에 사용자 이름과 암호를 사용할 수 없습니다. 그럼 어떻게 해야 할까요?

여기서는 수학과 확률이라는 시스템을 활용합니다. 시스템은 임의의 사용자 이름과 비밀번호를 여럿 생성해낸 다음, 커뮤니티 구성원에게 그중 하나를 선택하게 합니다. 무작위로 생성해낸 무한대에 가까운 것 중 하나이기에 서로 겹치지 않고 독립적인 누군가를 증명할 수단이 됩니다. 이런 과정으로 지갑^{계정}을 생성하면 공개키와 개인키 두 개가 제공되는데, 공개키는 말 그대로 공개가 가능한 키로, 은행 거래에서 상대방의 계좌를 알아야 하듯 공개키를 서로 알아야 거래가 가능합니다. 공개키와 다르게 개인키는 우리 집 비밀번호와 같이 절대로 남에게 알려져서는 안 됩니다. 개인키가 유출되는 순간 누구나, 전 세계 어디서든 해당 지갑을 열어 사용할 수 있게 되거든요.

코인을 얻는 방법은 크게 현실의 돈으로 거래소에서 구매하는 것, 누군가에게 선물 받기, 직접 채굴하기 세 가지가 있습니다. 코인을 얻은 후에는 화폐와 같이 거래에 사용할 수 있고요.

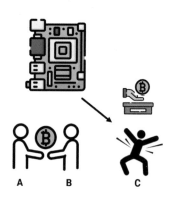

가령 A와 B가 비트코인으로 거래한다고 가정해보죠. 분명 누군가는 디지털 세상에서 본인이 소유하지도 않은 자산을 허위로 만들거나 부정거래 같은 시도를 할 겁니다. 현실 세상에서는 중앙기관이 감시역을 맡고 있지만, 여기서는 커뮤니티 구성원 C에게 검증을 맡깁니다. 당연히 사람들이 무보수로 검증 작업에 참여하지는 않겠죠. 여기서 시스템은 검증 작업에 참여한 구성원들에게 새롭게 생성해낸 코인을 보상으로 제공합니다. C가 거래 내역을 살펴본 후 문제없다고 판단해 승인하면, 시스템이 새로운 코인을 생성해낸 다음 수수료 명목으로 C에게 제공하는 겁니다. 코인을 생성하는 과정을 채굴한다는 뜻에서 마이닝 Mining 이라고 부르고, 채굴자 검증자 를 마이너 Miner 라고 부릅니다.

핵심은 두 가지입니다. 첫째는 분산화입니다. 전통적인 금융기관은 외부로부터의 공격을 막는 검사 기술로 보안을 유지합니다. 반면 비트코인은 시스템 통제에 대한 책임을 지갑을 가진 커뮤니티 구성원, 즉 이용자에게 넘깁니다. 비트코인 거래에서는 지구상에 존재하는 불특정한 누군가에게 승인을 받기 때문에 위조할 수도 없고 수정할 수도 없습니다. 해킹이 사실상 불가능에 가깝기에 서로에 대한 신뢰가 유지됩니다. 지금은 비트코인에 보안성을 부여하는 분산계산이 기하급수적으로 증가해 슈퍼컴퓨터로도 처리하기 힘든 경지에 이르렀으며, 수학 원리 시스템으로 운영되기에 개발자조차 통제할 수 없습니다. 둘째는 위와 같은 모든 거래의 기록이 블록체인에 공개되므로, 누구나 과거 거래 내역과 코인 잔액을 확인할 수 있어 투명성을 유지할 수 있다는 것입니다. 이러한 이유로 비트코인은 암호화폐라는 단어로 불리기도 합니다. '분산에 의한 모두의 책임'이 보안의 원리이며, 투명화를 추구하는 탈중앙화의 모습을 보이죠.

성장의 비결

기존 시스템에 물음표를 던진 비트코인의 성적은 다음과 같습니다.

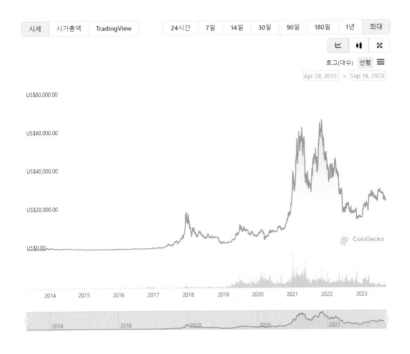

로그(대수)　선형 ☰

Apr 28, 2013 → Sep 16, 2023

US$80,000.00

US$60,000.00

US$40,000.00

US$20,000.00

US$0.00

🦎 CoinGecko

2014　2015　2016　2017　2018　2019　2020　2021　2022　2023

2014　　2016　　2018　　2020　　2022

　2010년 3월, 비트코인 거래소가 처음 등장했을 때의 시세는 1개당 0.3센트에 불과했습니다. 그러나 2021년에는 무려 6만 9천 달러에 달하는 기염을 토했죠. 상승기류를 타자 전 세계 어느 나라를 가리지 않고 수십억 달러 상당의 상품이 거래되었으며, 누군가 횡재했다는 뉴스가 연이어 등장했습니다. 코인을 전문적으로 채굴하는 '채굴방'이 전 세계에 우후죽순 생겨났습니다.

　그런데 곰곰이 생각해보면, 일개 개인이 만들어낸 디지털 토큰이 실제 가치를 지닌다는 사실이 이상하기 그지없습니다. 컴퓨터로 무에서 코인을 만들어낸 것인데, 그것이 정말로 현실 화폐와 동등한 가치를 지닐 수 있는 걸까요? 마치 현대판 봉이 김선달 같기도 합니다.

우리가 사용하는 화폐에 가치가 담기는 것은 '상호주관적 실재 Intersubjective Reality'에 의해서 가능해집니다. 먼 옛날 일부 국가에서는 조개껍질을 화폐로 사용했습니다. 조개로 쌀도 사고 소도 구매할 수 있었던 이유는 당시 주변 모든 사람들이 조개껍질에 그만한 가치가 있다고 믿었기 때문입니다. 하지만 시대가 흐르고 화폐가 그 자리를 대신하자 사람들은 조개껍질을 지불수단으로 받아들이지 않게 되었고, 조개껍질은 그저 쓰레기에 불과한 신세로 전락했습니다. 우리가 만 원짜리 지폐로 물건을 살 수 있는 이유 역시 우리 주변의 모두가 이 종이 쪼가리에 그만한 가치가 있다고 믿기 때문입니다. 그렇기에 우리는 녹색 빛깔의 종이를 가지고 당당하게 현물이나 서비스를 요구할 수 있고, 종이를 받은 쪽 역시 그에 걸맞은 보상을 합니다.

상호주관적 실재는 악순환과 선순환이 동시에 존재합니다. 2023년 아르헨티나의 화폐인 페소는 가치가 급격하게 추락했습니다. 사람들이 월급을 받으면 곧바로 벽돌과 같은 현물을 구입했을 정도입니다. 아르헨티나의 경제가 끝도 없이 추락하자 사람들이 자국의 화폐 가치를 불신하게 된 것입니다. 가치가 불안정한 현금을 보유하느니 가치가 안정적인 현물을 선호하고, 거래의 형태도 물물교환이 늘어났죠. 반면 가치를 인정하는 사람들이 지속적으로 늘어나는 선순환이 발생하면 화폐를 보유하려는 사람의 수가 꾸준히 증가하고, 화폐의 가치도 덩달아 상승합니다. 미국의 달러가 대표적인 예가 되겠죠.

그러므로 비트코인의 초창기 핵심 관건은, 사람들에게 그 가치를 믿게 함으로써 선순환을 시작하는 것이었습니다. 2010년 5월 플로리다에 거주하는 라즐로 하네츠라는 인물이, 누구든 자신에게 피자를 보내주면 1만 개의 비트코인을 대가로 지불
하겠다고 커뮤니티에 올렸습니다. 이것이
비트코인으로 현물을 구매한 최초의 거래
였죠. 사람들은 새롭게 등장한 데이터 쪼
가리로 현물을 구매하는 모습을 보고 가치
의 저장과 교환이 가능하다고 믿으며 자산
으로 인정하기 시작했습니다.

하지만 선순환만으로는 급격한 성장이 나타나지는 않습니다. 아래
의 그래프처럼 성장을 이룬 배경은 바로 수요와 공급입니다.

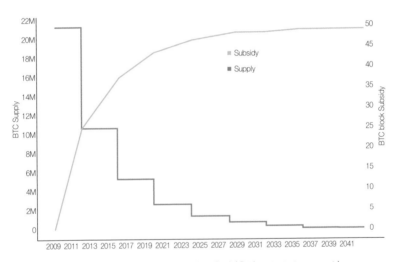

연단위 비트코인 공급과 블록 보상금 추이 (출처: coindesk research)

코인을 생성하는 방법은 타인의 거래를 검증하는 마이닝이 유일합
니다. 비트코인 시스템은 10분마다 한 블록이 채굴되도록 난이도를

자동 조절하는데 4년 단위로 보상을 반으로 줄이고 있습니다. 이를 반 감기라고 합니다. 2008년의 보상은 블록당 50코인이었는데, 2012년 에는 절반인 25코인, 2016년에는 다시 12.5코인, 2020년에는 6.25코 인으로 줄어들었습니다. 비트코인은 총 코인 수가 2,100만 개로 한정 되어 있고, 2140년에는 고갈될 전망입니다. 하지만 2032년에 이미 정 체기에 도달할 것으로 보입니다. 왜냐하면 이 시점에 99%가 채굴되고 남은 것이 고작 1%뿐이기 때문입니다. 초반에 공급 보상을 높여 여러 사람들의 참여를 독려한 후, 후반에 들어서는 공급의 증가세를 계속 둔화시켜 희소성을 갖게 함으로써 그 가치를 유지한 것이 비트코인이 급격한 성장을 이룬 배경입니다.

비트코인의 문제점

보안

부각된 문제점 중 하나는 보안입니다. 비트코인의 전체 코인 수는 서서히 줄어듭니다. 중앙기관의 참여를 원칙적으로 배제하고 철저히 시스템만으로 운영되는 비트코인은 개인키를 분실하면 복구가 요원 합니다. 개인키를 외장하드에 저장했는데 레모네이드를 쏟아 낭패를 보거나, 키가 저장된 하드디스크를 다시 찾으려고 쓰레기 하치장을 샅 샅이 뒤지는 등의 사례가 빈번합니다.

HOW MANY BITCOINS ARE GONE FOREVER?

STATUS	LIKELY TO BE LOST	TOTAL COINS LOST	$ VALUE
OUT OF CIRCULATION	30-50%	2.56 MILLION	$20.0 BILLION
ORIGINAL COINS	100%	1.04 MILLION	$8.2 BILLION
BUYING/ SELLING	2%	121,300	$1.0 BILLION
STRATEGIC INVESTMENTS	2%	71,200	$600,000
COINS MINED IN 2017	0%	NONE	$0

FORTUNE MAGAZINE   AS OF 11/2017, BASED ON 16.7 OF 21 MILLION TOTAL COINS MINED & 1 BTC = $7,859   SOURCE: CHAINALYSIS

얼마나 많은 비트코인이 영원히 사라졌나? (출처: CHAINALYSIS)

개인키를 분실하면 '죽은 코인'이 됩니다. 분명 시스템에는 영원히
존재하지만, 누구도 그것을 건드릴 수 없습니다. 공급은 상한선이 분
명히 존재하는데, 사용에 있어서 사고나 분실 등이 이어지면 총량은
계속해서 줄어들고 가치는 꾸준히 상승하는 결과를 낳고 마는 거죠.
해외 언론에서는 현존하는 비트코인 중 30% 정도가 하드 드라이브 충
돌이나 개인키 분실 등으로 인해 영원히 손실된 것으로 분석했습니
다. 2022년 고려대학교에서 이 문제의 대안을 제시하기도 했습니다.
기존의 A와 B의 직접 거래에서 스마트 컨트랙트 계정으로 보내 임시
보관하는 방법입니다. 우선 A는 B에게 보낼 코인을 직접 보내지 않고
중계소에 넣습니다. B가 확인한 후 중계소에서 코인을 회수하는 것이
일반 거래입니다. 하지만 만약 B가 개인키를 잃어버렸다면, 빠르게 다
시 지갑을 생성해서 A에게 중계소에 머문 코인을 회수하라고 요청합

니다. 그러면 A는 회수한 후 다시 B의 새로운 지갑으로 보내면 되겠죠. 다만 문제의 본질인 개인키 복구에 관한 방법은 아니며, 중계소를 거치는 과정에서 또 다른 문제가 발생할 가능성이 있다는 한계가 있습니다.

암호화폐는 어떤 금융 조직과도 연계되지 않고 완전히 독립적으로 운영되기 때문에 디지털 자산을 보호하는 것은 오로지 사용자에게 달려 있습니다. 반면 중앙기관의 관리를 받으면 우리가 설령 비밀번호를 분실하더라도 재설정을 할 수 있고, 그조차 어려우면 신분증을 지참하고 지점에 방문해서 해결할 수도 있습니다. 대신 대가로 개인정보 제공이나 연회비 등을 지불해야 하죠. 보험과 같이 안전을 대가로 제한된 자유를 누릴 것인가, 완전한 자유를 누리는 대신 분실해 모든 것을 잃을 것도 각오할 것인가의 차이입니다. 여러분은 어느 쪽을 선택할 것 같나요?

다음으로는 어설픈 보안으로 인한 범죄 문제가 있습니다. 비트코인은 분명 중앙기관 없이 P2P로 거래하기에 해커의 공격에는 안전합니다. 설령 슈퍼컴퓨터를 사용한다고 하더라도 단방향 해시 함수를 파악하는 것은 수백만 년이 걸릴 일이니까요. 천운을 타고나 운 좋게 빠르게 얻어 걸리지 않는 이상, 크래킹 과정에 소모되는 시간과 전기를 생각하면 시도할 가치조차 없습니다. 하지만 거래소를 통한 거래라면 보안 위험이 발생하는 것이 당연합니다. 2014년 일본 마운트곡스 Mt. Gox 는 당시 세계에서 가장 큰 비트코인 거래소였습니다. 그러나 내부 직원이 고객들의 개인키가 저장된 회사 서버를 해킹해 약 74만 비트코인이 탈취되었고, 결국 마운트곡스는 파산해버렸습니다. 2016

년 발생한 비트파이넥스Bitfinex 사건 역시 마찬가지였죠. 거래소 시스템이 침투되어 수백만 달러 상당의 코인이 탈취되었고, 비트파이넥스는 사용자 자산 상환 절차를 밟아야 했습니다. 2019년 중국 바이낸스Binance 사건에서는 해커가 거래소를 공격해 약 7천 코인이 탈취되었습니다. 하지만 바이낸스는 보안 시스템의 조기 경보 및 적극적인 대응으로 손실을 최소화하는 데 성공했죠.

비트코인은 음지에서의 검은돈으로 악용되기도 합니다. 허가받지 못하는 물품을 사고파는 이들과 해커 등은 신용카드와 같은 거래 흔적을 남기는 것을 기피합니다. 그래서 익명성이 보장되고 전송이 편리한 비트코인을 선택하기도 하지만, 결국 대부분 잡히고 맙니다.

2013년 미국에서 실크로드라는 사이트를 운영하는 로스 울브리히트가 마약류를 거래하고 비트코인으로 대금을 받았습니다. FBI는 그를 추적하는 과정에서 거래 기록을 살펴보게 됩니다. 비트코인은 이중 지불을 방지하고 투명성을 보장하기 위해 모두에게 기록을 공개하니까요. 큰 액수, 특정 시기의 거래 등 몇 가지 포인트를 조합해보면 누구의 거래라는 것을 짐작할 수 있는 거죠. FBI는 로스 울브리히트를 체포한 후, 그의 노트북에서 비트코인 지갑을 찾았고 자신들이 짐작한 주소와 대조한 후 그를 범인으로 확정했습니다. 이런 사례는 사실 누구에게나 해당됩니다. 익명으로 보이는 비트코인이지만, 발신자·수신자·거래 시간 등이 비트코인 주소에 기록됩니다. 이 기록은 꾸준히 유지되기에 시간이 얼마나 지났더라도 추적이 가능합니다. 여러분이 생각하는 만큼 익명적인 게 아닐 수 있다는 거죠.

투기

또 다른 문제점으로는 코인의 용도와 관련 있습니다. 사토시는 비트코인이 기존 시스템의 단점을 극복하고 탈중앙화를 이룬 넥스트 화폐가 되기를 꿈꿨습니다. 등장 이후 약 15년이 흐른 지금, 과연 어떤 위상에 있을까요?

무언가가 화폐로 사용되기 위해서는 앞서 언급한 상호주관적 실재도 필요하지만, 가치의 유동성도 적어야 합니다. 가령 오늘 아침에 빵 하나를 천 원에 구매했는데, 점심에는 오천 원, 저녁에는 삼천 원에 구매해야 한다면 사람들은 혼동에 빠질 겁니다. 이런 상황이 엘살바도르에서는 현실이 됐습니다.

엘살바도르 나이브 부켈레 대통령은 국민들이 해외의 가족으로부터 받는 송금을 더 쉽게, 더 저렴하게 만들기를 원했습니다. 게다가 국민 중 70%가 은행 계좌가 없어 금융 서비스를 이용하기 어려워하는 문제를 풀고자 했

죠. 당시 IMF 등 여러 국제 금융기관이 대단히 위험하다며 강도 높은 경고를 수차례나 보냈지만, 2021년 대통령은 결국 경제를 활성화하고 금융 서비스에 대한 접근성을 향상시키기 위해 비트코인을 법정통화로 채택했습니다. 세계 최초로 비트코인을 법정통화로 채택한 실험은 완벽한 실패로 기록되었습니다. 추구했던 목표는 달성되지 않았고, 현재 사람들은 비트코인을 거의 사용하지 않으며, 신뢰도도 낮습

니다. 2년 전 엘살바도르 정부는 거래를 촉진하기 위해 치보 Chivo 라는 디지털 지갑을 만들고, 사용자에게 30달러에 해당하는 금액을 제공했습니다. 하지만 중앙은행에 따르면 2023년 1월부터 7월까지 받은 송금액 47억 1,000만 달러 중 단지 1%만이 치보를 통해 들어왔다고 합니다. 2021년 최고 고점을 찍었던 그래프는 2023년 절반 이하로 떨어졌습니다. 대통령의 말만 믿고 코인을 구매한 사람들은 지금 매우 큰 고통을 겪고 있죠.

만약 코인 가격이 꾸준히 상승했다면 나이브 부켈레 대통령은 국민 영웅이 되었을지도 모릅니다. 하지만 그것이 정말 바람직한 화폐의 모습일까요? 엘살바도르 국민은 경제 활동을 할 때 항상 그래프를 쳐다봅니다. 구매자는 어떻게든 조금이라도 코인 가격이 오른 타이밍에 구매를 원하고, 판매자는 조금이라도 코인 가격이 내려간 타이밍에 물건을 넘겨주길 원하는 거죠. 원하는 타이밍이 서로 엇갈리니 경제활동이 순탄히 돌아가지 않고 마비될 수밖에 없었습니다.

비트코인 옹호자들은 중앙기관이 상황에 따라 화폐 발행을 조절하는 것과는 달리 비트코인은 시스템으로 제어되기에 인플레이션의 영향을 받지 않는다고 주장합니다. 게다가 코인은 총 개수가 고정되어 있어 수학적으로 인플레이션이 불가능하죠. 충분히 수긍이 가는 부분입니다. 하지만 문제는 비트코인으로 일상적인 경제활동을 하기 어렵다는 점에 있습니다. 코인이 등장한 지 15년이 지난 지금, 주변을 한번 둘러보세요. 코인으로 결제를 받는 기관이 얼마나 되나요? 한때 일론 머스크의 테슬라가 결제 방식으로 코인을 수용한다는 발언을 한 적 있었지만, 얼마 지나지 않아 철회했습니다. 가치 변동 폭이 너무 컸기 때문입니다.

비트코인은 인플레이션은 나타나지 않겠지만 대신 디플레이션의 위험이 존재합니다. 앞으로 공급은 극한으로 줄어드는 반면, 분실 등으로 유동 가능 숫자가 계속해서 줄어드니 잔존 코인의 가치는 꾸준히 오를 수밖에 없습니다. 이 경우 코인 보유자들은 거래를 기피하게 되겠죠. 버티고 버틸수록 이득을 볼 테니까요. 자본주의 사회에서는 돈이 끊임없이 순환되어야 합니다. 이것이 경제가 성장하는 방법입니다. 하지만 보유자들은 시간이 지날수록 코인 사용을 기피할 것입니다. 그리고 우리는 가만히 존재하기만 하는 코인이 개인키를 분실한 것인지, 보유자가 거래를 하지 않는 것인지 알 길이 없습니다.

노벨 경제학상 수상자인 폴 크루먼은 다음과 같이 말했습니다.

화폐는 성공하려면 교환의 수단이자 상당히 안정적인 가치 저장소가 되어야 한다. 그런데 어떻게 비트코인이 안정적인 가치 저장소가 될 수 있다는 건지 나는 전혀 이해하지 못하겠다.

변동 폭이 지나치게 크면, 시간이 지날수록 상호주관적 실재가 흔들립니다. 거래 자체로 누군가 이득을 보면, 동시에 누군가는 손해를 봅니다. 이 현상이 누적되면 아르헨티나의 경우처럼 사람들이 해당 통화의 사용을 꺼리게 되고, 가치가 고정된 현물을 선호하게 됩니다. 돈의 진화 과정을 역행하는 모습이 펼쳐지는 거죠.

비트코인은 가치 저장과 거래가 가능하기도 하면서 동시에 그 자체를 보유함으로써 수익을 바랄 수도 있습니다. 통화와 투기의 성격을 모두 가진 셈이죠. 다만 통화의 방향은 안정성이고, 투자의 방향은 성장성입니다. 둘은 공존할 수 없습니다. 비트코인의 변동 폭은 지나치게 크기에 둘 중 하나로 바라보자면 투기 상품이라는 평가가 더 적절할 것 같습니다. 디  지털 자산이 될 수는 있을지언정 엘살바도르의 경우처럼 통화로 삼기는 어려운 거죠.

무엇보다 여러분 주위의 비트코인 보유자를 살펴보면 답을 얻을 수 있을지도 모릅니다. 2018년 4분기에서 2019년 1분기까지의 짧은 기간 동안 비트코인의 가격은 정말 보기 드문 안정세를 보였습니다. 그때 그 사람은 어떤 반응을 보였었나요?

기후 악재

새로운 비트코인을 생성하고 획득하려면 앞서 언급한 마이닝 작업이 필요합니다. 시스템에서 블록을 성공적으로 채굴하는 건 총 해시파워 중에서 사용자가 제어하는 확률에 비례합니다. 만약 다른 채굴자가 더 강력한 기계를 갖춘다면, 여러분은 그를 능가하는 기계를 갖춰야만 하죠. 단순하게 표현하면 남들보다 더 좋은 장비를 갖춰야만 획득할 수 있다는 말인데, 코인을 원하는 사람은 부지기수이니 무한 경쟁이 펼쳐질 수밖에 없습니다.

비트코인 초창기에는 코인 인지도가 적고 경쟁자가 드물어 개인 노트북 정도로도 많은 코인을 채굴할 수 있었습니다. 이것이 사람들을 끌어들이고 선순환을 이룩한 원동력이기도 했죠. 하지만 이제는 엄청난 스펙의 전문 컴퓨터 장비를 갖춰야만 가능하며, 그 와중에도 다른 이들은 구경만 하고 있지 않을 것이기 때문에 꾸준히 업그레이드를 해줘야 합니다. 코로나19 시절 고객 유치가 어려워진 PC방은 아예 문을 닫고 모든 PC를 채굴기로 전환한 경우도 많았는데, 얼마 지나지 않아 개인 PC방 컴퓨터의 스펙으로 부족해

지자 채굴자들이 합심해 해시 파워를 공유하고 수익을 나누는 모임까지 등

장했습니다. 아예 전문적으로 장비 유지와 업그레이드를 전담하는 회사도 등장했죠.

다만 엄청난 전기료를 감당해야 합니다. 그리고 쉬지 않고 연산하는 과정에서 엄청난 열이 발생하기 때문에 냉각 시설도 보유해야 하죠. 저렴한 전기료, 추운 날씨, 빠른 인터넷, 이 세 가지 조건을 모두 갖춘 지역이 중국입니다. 2019년 《인베스토피디아 Investopedia 》의 기사를 참조하면 전 세계 비트코인의 80%가 중국에서 채굴되었으며, 채굴 전체 비용 중 에너지 사용 요금이 90%를 차지했다고 합니다. 영국 《가디언》의 기자 알렉스 헌은 비트코인 채굴 작업을 "1초에 100경 번의 무의미한 연산을 수행함으로써 가능한 많은 전기를 낭비하는 경쟁이다"라고 평가했습니다.

3장의 생성 AI에 대해 소개할 때, ChatGPT가 사용자의 질문에 답하는 과정에 상당한 전기와 물을 소비한다고 말한 바 있죠? 그래도 ChatGPT는 각자의 활동에 솔루션을 제공함으로써 긍정적인 역할을

수행합니다. 세계 여러 빅테크 기업들이 앞다투어 생성 AI를 자사의 서비스에 접목하고, 데이터 주권을 수호하려는 이유이기도 하죠. 하지만 비트코인을 통화 수단으로 받아들이는 곳은 매우 적으며, 투기 성격이 강해 활용도도 적습니다. '지구온난화 무한 경쟁'이라는 말이 괜히 등장한 것이 아닙니다.

지금은 반감기를 여러 차례 지나면서 채굴 광풍이 많이 사그라들었습니다. 특히 엔데믹과 시기가 겹치면서 더더욱 그렇게 되었죠. 비트

코인이 투기 상품이라는 관점으로 바라봤을 때 결국 승자는 과거 미국의 골드러시 때 곡괭이를 팔았던 이들처럼, 광기의 시장에 뛰어든 사람들을 대상으로 수수료를 받는 코인거래소와 연산에 필요한 GPU를 제작하는 엔비디아가 아닐까 싶습니다.

새로운 코인의 출현

세상에는 비트코인 이외에도 암호화폐가 많이 있습니다. '코인마켓캡 Coinmarketcap '이라는 사이트에 방문하면 코인의 종류와 가격 등을 확인할 수 있습니다.

All Cryptocurrencies

Rank	Name	Symbol	Market Cap	Price	Circulating Supply	Volume(24h)	% 1h	% 24h	% 7d	
1	Bitcoin	BTC	$517,601,736,313	$26,559.90	19,488,087 BTC	$6,608,186,407	0.13%	0.13%	2.74%	···
2	Ethereum	ETH	$196,173,576,696	$1,631.73	120,224,407 ETH *	$2,698,398,809	0.10%	-0.22%	0.40%	···
3	Tether USDt	USDT	$83,056,060,575	$1.00	83,041,923,536 USDT *	$12,582,627,865	0.00%	-0.01%	0.03%	···
4	BNB	BNB	$33,080,882,300	$215.02	153,848,318 BNB *	$332,517,131	0.19%	0.49%	1.06%	···
5	XRP	XRP	$26,447,851,758	$0.4974	53,175,400,720 XRP *	$507,022,063	0.34%	-0.62%	-0.46%	···
6	USD Coin	USDC	$26,164,783,505	$1.00	26,164,101,930 USDC *	$1,566,064,520	-0.01%	-0.02%	0.00%	···
7	Dogecoin	DOGE	$8,778,872,656	$0.06224	141,041,906,384 DOGE	$142,168,640	0.04%	-0.04%	0.53%	···
8	Cardano	ADA	$8,760,074,372	$0.2495	35,108,286,535 ADA *	$80,066,155	0.29%	-0.47%	0.04%	···
9	Toncoin	TON	$8,338,736,582	$2.43	3,431,892,088 TON *	$82,057,659	-0.53%	12.48%	38.39%	···
10	Solana	SOL	$7,801,461,612	$18.97	411,266,548 SOL *	$120,269,232	0.14%	-0.97%	3.23%	···
11	TRON	TRX	$7,454,114,833	$0.08358	89,188,300,636 TRX *	$142,918,798	0.14%	-0.18%	6.28%	···
12	Dai	DAI	$5,348,492,503	$1.00	5,347,888,596 DAI *	$50,678,870	0.02%	0.04%	0.02%	···

위의 사진은 2023년 9월 16일을 기준으로 검색한 표입니다. 비트코인이 여전히 암호화폐의 대명사로 불리고 있고, 그 뒤를 이더리움이 따르고 있죠. 3위부터는 시가총액과 가격이 정말 들쑥날쑥한 모습이 확인됩니다. 코인의 특징이 여실히 드러난 표라고 생각합니다. 주목할 만한 몇 가지 코인을 소개해보겠습니다.

이더리움(Ethereum)

비탈릭 부테린 Vitalik Buterin 이라는 과학자는 블록체인이 단순 거래 기록 이상이 가능하다는 생각으로 기능 범위를 확장하는 방법을 고민하였고, 2013년 7월 그의 백서를 통해 이더리움이 세상에 등장했습니다.

이더리움은 스마트 컨트랙트 기능을 갖춘 암호화폐이자 동시에 클라우드 컴퓨팅 플랫폼입니다. 블록체인을 기반으로 자유로운 프로그래밍이 가능하다는 점이 가장 큰 특징입니다. 이용자는 블록체인에 다양한 조건을 설정하는데, 조건을 만족시키면 시스템이 계약 사항을 자동으로 수행합니다.

지금까지 우리가 주로 활용한 서류상의 계약은 상대방의 변심 또는 무언가의 변수로 인해 파기되는 경우가 종종 있죠. 하지만 스마트 컨트랙트 기능은 조건을 만족하는 순간 시스템이 자동으로 계약 내용을 수행하기에 파기 우려가 줄어들고 수행인력의 절감이 가능합니다. 계약의 자동화라고 봐도 무방합니다.

'금전거래'가 아닌 '계약'이기에 활용도가 매우 높습니다. 가령 뒤에서 소개할 기후보험처럼 '8월에 40도가 넘으면 보험 가입자에게 보험금 X를 지불한다'라는 사항을 넣으면 온도가 넘는 순간 시스템이 자동으로 가입자를 빠르게 파악해 이를 수행합니다. 동일한 원리로 투표나 유언장 등에도 응용할 수 있죠. 지금은 게임에서도 다양하게 활용되고 있습니다. 우리나라 게임 '로스트아크'에서는 자신이 판매를 원하는 아이템을 로그인한 상태에서 구매자를 일일이 찾을 필요가 없습니다. 경매장에 입찰가, 등록 기간 등의 조건만 설정해놓으면, 다른 유저들이 등록된 물품을 살펴보고 구매합니다. 일련의 과정은 전부 시스템이 진행하기에 판매자는 편하게 로그아웃하고 자신의 시간을 최대화할 수 있으며, 도난이나 사기를 걱정하지 않아도 됩니

세상을 보는 지식

다. 이더리움의 기능은 얼마 지나지 않아 보다 정교한 앱으로 만들어지는데, 이를 탈중앙 앱 Decentralized apps 또는 댑 DApps 이라고 합니다.

스마트 컨트랙트가 일단 작동되면 수정이나 변경 등의 개입이 불가능합니다. 보험회사가 중간에 말을 바꾸는 것은 아닌지, 유언장이 실제로 고인이 작성한 것이 맞는지 등의 검증 과정을 생략하고 신뢰할 수 있습니다. 그리고 오픈 소스로 이루어지기 때문에 누구나 해당 코드를 확인할 수 있습니다. 이는 비트코인의 '중앙기관 배제' 개념을 한 단계 끌어올렸다는 평가를 받고 있습니다. 더 이상 '금융'에 국한되지 않고 다양한 분야에 적용되고 있는 거죠..

하지만 이게 완벽하다는 말과는 다릅니다. 철저히 시스템으로 운영된다는 말은 MBTI에서의 T로 묘사되는 냉혈한처럼 보일 때도 있습니다. 가령 전통시장에서 먹거리를 구매할 때는 상점 주인이 '인심'을 얹어주기도 하고, 소비자는 현금을 계산할 때 소소한 거스름돈을 받지 않기도 합니다. 하지만 스마트 컨트랙트는 항상 원칙적으로만 움직입니다. 게다가 아무리 시스템이 운영한다고 하지만 계약 사항을 기입하고 확인하는 것은 결국 사람입니다. 기후보험에서 '40'이라는 기준이 A는 당연히 섭씨로 생각했는데 B는 화씨로 받아들일 경우 어떻게 처리될까요? 그리고 A가 미처 실수나 오타를 내 잘못된 조건을 입력하는 경우도 있을 겁니다. 이러한 분쟁도 현명하게 처리하는 것이 '스마트' 아닐까요? 지나칠 정도로 고지식하기에, 그 유용함에도 불구하고 스스로의 사용 용도를 제한하는 모습을 보이기도 합니다.

스테이블 코인(Stable Coin)

비트코인이 투자를 향해 나아갔고, 이더리움은 앱 플랫폼을 향해 나아갔다면, 스테이블 코인은 결제 수단에 특화된 코인으로 화폐의 아성에 도전하고 있습니다.

비트코인의 창시자 사토시 역시 탈중앙화를 통해 화폐를 대체하는 것을 목표로 했습니다. 하지만 매 거래마다 수수료가 발생하고, 코인을 구매하려는 사람이 급증하자 대기 시간이 엄청나게 증가하게 되었죠. 가격의 정점을 찍은 2021년에는 검증을 기다리는 거래가 끝도 없이 밀려 있었습니다. 비트코인 시스템은 시간당 처리 거래 수가 정해져 있는데, 구매자가 엄청나게 몰려들자 검증을 거쳐 블록체인에 등록되기까지 대단히 오랜 시간이 필요했습니다. 게다가 항상 변동성이 심하긴 했지만 2021년은 유독 심해, 그 어떤 주식도 넘보지 못할 급격한 상승과 하강을 반복하면서 여러 사람을 웃고 울렸죠.

탈중앙화로 중앙기관을 배제하는 것에는 성공했지만 성장에 초점이 맞춰져 있으면 통화로서의 기능은 하기 어렵습니다. 그래서 등장한 것이 스테이블 코인입니다. 스테이블 코인은 법정화폐 담보 코인, 암호자산 담보 코인, 무담보 코인 세 가지로 구분됩니다. 담보로 잡은 대상이 안정적일수록 가치 유지에 유리하죠.

우선 법정화폐 담보 코인부터 보겠습니다. 사람들은 가격 변동성을 줄이고자 법정화폐처럼 고정 환율을 유지하면서 가격 변동성을 최소화하는 코인을 만들었습니다. 1달러가 1코인의 가치를 갖는 테더 USDT, 1유로가 1코인의 가치를 갖는 유로코인 EURC, 1위안이 1코인의 가치를 갖는 역외 위안화 코인 CNHT 등이 있습니다.

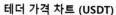

테더 가격 차트 (USDT)

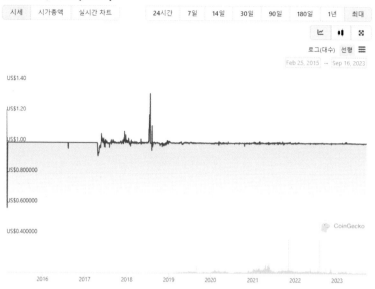

　　항상 1코인이 1달러의 가치를 갖는 테더는 비트파이넥스와 같은 거래소에서 직접 발행해 유통하기에 중앙에서 토큰의 수요와 공급을 조절해 가치의 자유로운 이동은 가능하지만, 중개기관을 통해야 한다는 단점이 있습니다. 2017년 말 비트파이넥스 Bitfinex 거래소가 의도적으로 코인을 대량 발행해 시장에 유입시키는 방식으로 가격을 조작하고 투자자가 높은 가격으로 구매하도록 유도했다는 의혹을 받기도 했습니다. 테더는 그 시기를 제외하고는 타 암호화폐에 비해 놀랍도록 안정적인 가격을 보여주었습니다.

　　특정 자산 달러과 가치를 연동한 안정된 모습은 분명 통화로서의 기능을 갖출 수는 있을 것입니다. 하지만 방금 소개한 의혹 사례를 통해 알 수 있듯이 테더는 '중개기관 비트파이넥스'을 신뢰해야 하며, '중개자' 역할을 하는 테더리미티드사 Tether Limited 와 해당 은행기관 역시 보유 자산의 관리인으로 신뢰해야만 합니다. 테더리미티드사는 파산할 수도 있고, 압수나 자금 동결 및 보안상의 문제가 발생할 수 있는 회사 중 하나입니다. 그런 점에 대한 불안감이 2017년과 2019년 사이에 표출되었던 거죠.

애초 암호화폐가 등장한 원초적인 이유가 중앙기관의 간섭을 배제하고, 시스템에 의해 공정한 운영이 이루어지며, 모두의 참여를 통해 민주적인 미래로 나아가는 것에 있는데, 사실상 국가가 발행하는 법정통화와 비슷한 모습을 보이게 되어버렸습니다.

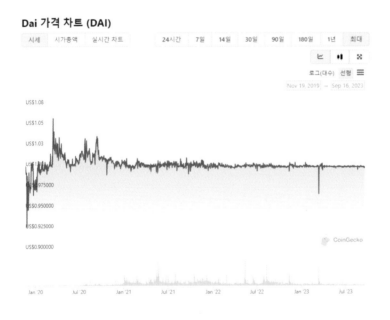

테더의 중앙화 문제점을 해결하기 위해 MakerDAO라는 단체는

담보 방식의 Dai라는 스테이블 코인을 선보입니다. Dai 코인은 예치금을 보유하지 않고, 통화위원회도 필요하지 않습니다. 그들은 1Dai 코인을 1달러로 유지하기 위해 피드백 매커니즘 Feedback Mechanism 시스템을 사용합니다. 일반적으로 다이를 발행받기 위해서는 그 가치의 150%에 해당하는 다른 암호화폐 일반적으로 이더리움 를 담보로 잡아야 합니다. Dai 코인은 이더리움을 담보로 예치한 후 신규로 발행할 수 있고, 담보로 맡긴 이더리움을 돌려받을 때는 안정화 수수료 Stability fee 라는 명목의 이자와 함께 Dai 코인을 상환해야 합니다. 상환된 Dai 코인은 담보자산이 사라졌으니 자동 소각됩니다.

수수료는 Dai 코인의 가치 변동을 조절하는 역할을 합니다. 만약 Dai의 가격이 상승하면 담보에 필요한 양을 줄이고, Dai의 가격이 하락하면 담보의 양을 늘립니다. 예를 들어 Dai의 가격이 상승하면 시스템은 필요 담보량을 줄입니다. 그러면 사람들은 상대적으로 많은 Dai 코인을 얻게 되고, 시장에서의 물량이 늘어나 일정 시간이 지나면 Dai 코인의 가치는 서서히 내려갑니다. 반대로 Dai 코인의 가격이 내려가면 시스템은 필요 담보량을 늘릴 것이고, 사람들이 얻어가는 Dai 코인의 수가 줄어들기에 가치가 상승합니다. 이렇듯 Dai 코인의 본질은 담보를 맡기고 얻은 빚입니다.

굳이 뭐하러 사서 빚을 얻느냐고 물을 수도 있겠죠. 하지만 기존 중앙화 금융시스템에서는 개인의 신용도나 직업, 수입 등을 기준으로 차등화되어 제한적인 사용만 가능한 데 반해, Dai 코인은 이러한 조건 없이 누구나 중앙기관을 거치지 않고 사용할 수 있고, 시스템으로 운영되기에 신뢰 보증인도 필요 없으며, 인건비 등이 절감되어 해외 송금 서비스 등이 은행보다 저렴하고 대단히 빠릅니다. 물론 365일 언제나 가능하고요.

　마지막은 무담보 스테이블 코인입니다. 말 그대로 어떤 것도 담보로 하지 않는 코인입니다. 세계 기축통화 역할을 하는 달러는 과거에 금을 담보로 했었지만, 이제는 더 이상 금을 담보로 삼지 않음에도 불구하고 여전히 가격이 안정적입니다. 사람들이 달러의 가치를 믿기 때문입니다. 이것을 '신뢰화폐제도'라고 합니다. 이 개념을 암호화폐에 적용한 것이 바로 무담보 스테이블 코인입니다.

　이것은 테더와 같은 법정화폐 담보 코인의 결점을 해결하기 위해 시작되었습니다. 테더는 코인 발행량만큼의 달러를 보유하고 있어야 하는 구조입니다. 하지만 테더 법인이 조세회피처에 있는 등 신뢰도 하락의 요인이 계속 지적되고, 테더는 정말로 발행량만큼의 달러를 보유하고 있음을 계속 해명해야만 했습니다. 이 과정에서 테더 자체가 이미 중앙화됐다는 새로운 지적도 나타났죠. 이를 해결하기 위한 방법으로 특정 회사를 신뢰할 필요 없이 고정 가격을 시스템으로 유지하려는 시도가 등장했습니다.

　대표적인 코인이 작년 세계를 떠들썩하게 만든 우리나라의 테라 Terra 입니다. 원리는 테라 코인을 또 다른 스

테이킹 토큰인 루나 Luna 에 연동시키는 것입니다. 테라가 1달러보다 낮아지면, 테라를 루나 1달러어치로 바꿔줍니다. 그러면 많은 테라 보유자가 차익을 얻기 위해 교환에 참여하겠죠. 자연스럽게 테라의 유통량이 줄어들어 가격이 올라가는 효과가 발생합니다. 테라가 1달러보다 높을 때는 반대로 루나 1달러어치를 테라와 바꿔줍니다. 그러면 테라의 유통량이 늘어나 가격이 떨어지는 효과가 발생하겠죠. 시스템은 양측 가격을 살펴보며 상대측의 코인을 구매하고 소각하는 것을 반복합니다. 마치 수요와 공급을 통해 항상 평행을 유지하려는 시소와 같은 구조입니다.

이론적으로는 테라를 1달러보다 싼값에 매수해서 루나로 전환하고, 매수한 테라는 소각하면 됩니다. 그러면 테라 공급량이 줄어들어 가격이 1달러로 다시 오를 수 있겠죠. 다만 이 방법은 상승장에서는 유효하지만, 하락장에서는 급격한 자금 이탈을 겪을 수밖에 없습니다. 가격을 담보할 수 있는 담보물이 없기 때문이죠.

2022년 5월 미국 연준의 금리 인상으로 금융투자 시장의 유동성이 급격히 얼어붙고, 나스닥을 비롯한 미국 증시가 급락하는 시기가 찾아왔습니다. 당시 비트코인도 10% 하락하는 등 암호화폐 시장 전체가 하락세였죠. 테라의 대량 투매가 일어나면 가격이 큰 폭으로 하락한 테라를 사들여 이를 루나로 바꾸는 수요가 발생해야 합니다. 이 경우 루나가 대량으로 시장에 풀리기 때문에 루나의 가치는 떨어지지만, 그 반등으로 테라의 가치는 올라가는 겁니다. 그런데 테라와 루나의 가치가 동시에 떨어질 경우, 시장에서는 루나를 적극적으로 매수하려 하지 않을 것이고 테라의 가치는 반등하지 않습니다. 그러면 테라와 연동된 루나의 가치가 예상보다 더 떨어지게 되고, 결국 루나의 투매로 이어지게 되죠. 이는 연쇄적으로 테라를 보유한 다른 사람들의 심리적 저항선까지도 무너뜨려 재차 테라의 투매로 이어지는 과정이 계속 반복되어, 결국 루나의 가치는 0에 수렴하게 됩니다. 서로가 연동되어 있기에 벌어지는 현상이죠. 당시 외신은 이 사태를 두고 '죽음의 소용돌이 Death Spiral'라고 표현했습니다.

테라 생태계의 댑 DApp '앵커프로토콜' 역시 이 흐름을 가속화했습니다. 테라 개발진들은 사람들이 테라와 루나 양쪽 모두를 원하지 않는 일이 일어나지 않도록 앵커프로토콜에 테라를 맡기면 연 20%에 가까운 고정 이자를 받을 수 있도록 했습니다. 사람들은 '빨리 부자가 되는 계획'에 열광했고, 예치 금액만 수십조 원에 달했다고 합니다. 여기서 끝나지 않고 회사는 예치된 테라를 대출해줬습니다. 투자자가 루나를 담보로 맡기면 시가의 60%까지 테라를 빌려줬죠. 무엇보다 적지 않은 이들이 대출받은 테라를 다시 앵커프로토콜에 맡깁니다. 당연히 20%의 이자를 최대화하기 위해서입니다. 이렇게 대출과 예치가 반복되는 풍차 돌리기가 벌어집니다. 사고 당시 테라 공급량의 70% 이상이 앵커프로토콜에 예치되어 있었다고 합니다. 그 물량이 일순간에 쏟아져 나온 거죠.

루나 발행량은 10억 개로 제한되어 있었습니다. 하지만, 테라 측은 11일 하루에만 루나 11억여 개를 발행했고, 12일에는 901억 개를 발행하며 가격 안정화를 꾀했습니다. 그 결과는 다음과 같습니다.

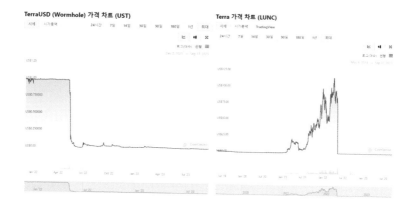

TerraUSD (Wormhole) 가격 차트 (UST)　　　　　　Terra 가격 차트 (LUNC)

한때 세계 암호화폐 순위 10위 안에 들었던 테라는 순식간에 99.9%가 급락하면서 몰락의 길을 걸었습니다. 테라 사태는 단순히 한 암호화폐 회사의 몰락에서 끝나지 않았습니다. 테라의 스테이블 코인과 루나를 사용하는 탈중앙화 금융의 규모도 컸기에, 스테이블 코인과 디파이 업계에 대한 의구심이 증폭되었죠. 게다가 스테이블 코인과 디파이에 대한 규제 가능성도 심화시켰습니다.

이관휘 서울대학교 경영학 교수는 스테이블 코인을 규제할 때 반드시 고려해야 하는 사항으로 트릴레마 Trillemma 를 언급합니다. 트릴레마란 어떤 스테이블 코인이든 '탈중앙화', '안정성' 그리고

'효율성' 세 가지 중 하나는 반드시 포기해야만 한다는 것입니다. 안정성 Stability 은 스테이블 코인의 가치가 얼마나 안정적인가를 말합니다. 효율성 Capital Efficiency 은 코인 가치를 안정적으로 유지하기 위해 얼마나 많은 자금이 필요한지를 나타내는 개념입니다. 이 개념에 따르면

한 스테이블 코인이 적정한 수준의 자금을 투입해 높은 효율성 미국채와의 연동을 안정적으로 유지할 수 있다면 높은 안정성, 그 코인은 탈중앙화된 코인일 수가 없습니다. 만약 탈중앙화를 강조한다면 책임 소재를 가리기 어려워 규제가 힘들어지고, 자연스럽게 도덕적 해이가 나타나기 마련입니다.

무담보 스테이블 코인은 미래 시장가치에 대한 기대와 같은 무형의 담보를 바탕으로 동작하기에 안정적일 수 없으며, 부러지기 쉬운 유리와도 같습니다. 잘 동작할 때는 괜찮아 보이지만 사실은 모래성과 같죠. 또한 생태계를 유지하기 위해 적극적으로 차익거래를 실행하려는 사람들을 필요로 합니다. 하지만 아무런 법적 의무 없이 자유롭게 움직이는 사람들을 대상으로 시장 가격을 안정시키는 것은 쉽지 않습니다. 마지막으로 변동성과 위기가 극대화하는 상황에서는 투자자들이 군중심리에 휩쓸리기 쉬우며, 구조에 대한 신뢰가 어이없을 정도로 쉽게 붕괴됩니다. 만약, 테라 사태가 달러와 같은 국가 법정화폐였다면 과연 같은 일이 벌어졌을까요? 결국 전통적 금융시스템에 의문을 제기하면서 탈중앙화를 내세운 무담보 스테이블 코인이 도리어 중앙기관의 규제를 받게 되는 결과가 니타났습니다.

월드코인(World Coin)

2023년 7월 ChatGPT의 아버지 샘 알트먼 OpenAI CEO가 월드코인의 공식 출범을 선포했습니다.

세상을 보는 지식

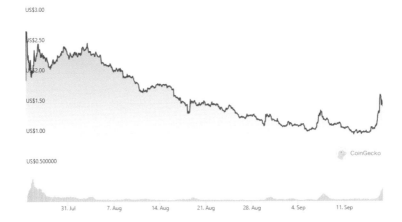

월드코인의 핵심은 실제 인간만이 가질 수 있는 월드 아이디 ID 계정입니다. '오브 Orb'라는 홍채 인식 기구를 통해 개인의 홍채를 데이터화해서 블록체인에 연결하고, 실제 사람인지 확인되면 월드 ID가 생성됩니다. 이 월드 ID로 가상자산 지갑인 '월드 앱'을 만들어 월드코인을 보관합니다. 홍채를 선택한 이유는 신원 식별에 가장 정확한 수단이기 때문입니다. 두 눈의 홍채 무늬와 형태, 색 등을 판별할 경우 신원 확인 오류가 발생할 확률은 1조분의 1수준으로, 지문 1만분의 1 이나 얼굴 인식 1천분의 1 보다 오류 확률이 작다고 합니다.

샘 알트먼은 앞으로 AI의 영역이 기하급수적으로 늘어날 것으로 판단하고, 가상세계에서 상대방이 인간인지 AI인지, 또는 인간이 만든 데이터인지 AI가 만든 데이터인지 확인하기 위해서는 개인 디지털

신원이 중요하며, 이를 기반으로 인류에게 기본소득을 제공하겠다고 발표했습니다. 한마디로 인간과 AI를 구분한 디지털 여권을 코인으로 만들어 일자리 문제를 해결해보겠다는 겁니다. 샘 알트먼은 "월드코인이 성공하면 경제적 기회를 늘리고 인공지능에 기반한 보편적 기본소득의 경로를 제시할 수 있다"고 포부를 밝혔습니다.

월드코인 측은 활성화를 위해, 가입을 원하는 이들에게 월드코인 25개를 무상으로 지급했습니다. 25코인은 2023년 9월 기준 약 5만 원 정도 됩니다. 그리고 세계 각지에 1,500개의 오브를 설치해 앞으로 더 많은 신규 가입자를 유치하여 선순환을 일으킬 계획을 세우고 있습니다. ChatGPT의 명성에 힘입어 베타테스트 기간에만 전 세계 약 200만 명이 월드 ID를 등록했다고 전해집니다. 참고로 2023년 8월 우리나라 광화문의 한 카페에도 오브가 설치되어 많은 이들이 지갑을 생성하고 코인을 수령했습니다.

제기되는 단점은 개인 데이터의 유출 가능성입니다. 가입 과정에 본인의 홍채 정보를 그대로 제공하게 되니까요. 월드코인 측은 오브가 인식한 홍채 이미지는 암호화한 뒤 곧바로 삭제돼 유출될 가능성이 없다고 주장하지만, 일각에선 해시값이 남아 있을 수 있어 개인정보 보호에 취약할 수 있다는 주장이 제기되고 있습니다. 이더리움 창시자 비탈릭 부테린은 월드코인에는 개인정보 유출, 해킹 등의 위험 요소가 많고, 홍채 정보 등은 신원 위조 등에 악용될 수 있다고 경고했습니다. 또한, 개발도상국 위주로 발급을 진행한다는 점도 의문입니다. 일각에서는 코인을 미끼로 가난한 이들의 생체 정보를 수집한다는 지적이 나왔으며, 중국에서는 월드코인을 받으려는 사용자들 사이에서 홍채 데이터 암시장까지 등장했습니다. 월드코인 측은 "인증 절차를 더 강화하고, 스캔된 홍채 코드는 인증 시에만 쓰고 즉시 삭제된다"며 반박했고, 월드코인 시스템을 곧 오픈 소스로 공개해 우려를 잠식시킬 것이라고 합니다.

월드코인의 흥행 성공 여부는 아직 지켜봐야 하겠지만, 정부도 아닌 민간기업이 사람들의 기본소득을 책임지겠다는 행동이 의문스럽기는 합니다. 특히 알트먼은 기본소득의 재원을 어떻게 마련할지에 대해서는 명확한 답변을 피했습니다. 월드코인은 약 100억 개가 발행될 예정이고 9월 기준 약 1억 개가 발행됐습니다. 월드코인에 대한 관심이 커지면 가격이 상승할 테고, 최대 수혜자는 샘 알트먼이 되겠죠. 상승한 코인 가격으로 인한 이윤을 기본소득으로 사회에 환원한다는 것인지, 아니면 모종의 방법으로 생성 AI로 인해 사라지는 직업군 종사자를 보듬겠다는 것인지 아직은 잘 모르겠습니다. 다만 적어도 새로운 시대를 이끈 인물이 인간과 AI의 구분과 정체성에 하나의 해답을 제시했다는 점에 대해서는 주목할 필요가 있다고 생각합니다.

새로운 미래와 과제

사토시 나카모토는 2008년 비트코인의 비전을 제시하면서 통화가 더 이상 정부와 은행의 통제를 받지 않고도 금융시스템이 구축되는 세상을 꿈꿨습니다. 하지만 거래 속도와 처리 능력, 무엇보다 변동성이 걸림돌이 되어 법정통화를 대신하는 것은 어려워 보입니다.

저는 암호화폐 자체보다는 그곳에 활용된 블록체인에 더 주목하는 것이 어떨까 싶습니다. 블록체인은 인류에게 가치 있는 것을 기록하고 암호화 토큰으로 저장하는 탈중앙화를 이끄는 기술입니다. 통화로서의 활용은 블록체인 활용의 한 예시일 뿐이며 주식, 부동산, 저작권, 신분증 등으로 뻗어나가고 있죠. 중앙관리자의 지시로 운영되는 전통적인 기업 구조에서 탈피하고 자율적인 의사결정으로 운영되는 DAO, 플랫폼의 횡포에 항거하여 웹 이용자들의 데이터와 개인정보 등을 사용자에게 귀결시키는 웹 3.0, 이미 우리에게 익숙한 NFT 등도 있습니다.

블록체인을 기업 운영에 활용하는 케이스도 등장하고 있습니다. 이를 일부 대상에 국한된 전용블록체인이라고 합니다. 월마트의 경우 기존에는 사무직원이 엑셀 등의 파일로 저장하던 것을 블록체인을 활용한 결과, 해커들의 공격에서 보다 안전해졌고 각 블록당 표준화된 양식으로 입력해야 하기에 데이터가 더 깔끔하게 정리되었다고 합니다. 그리고 투명하게 처리되기에 내외부의 감사를 걱정할 필요가 없고, 내부 운영용이라 다른 이들의 채굴을 통한 가격 변동성 문제도 없습니다. 이처럼 전용블록체인은 조직이 제어하는 프로세스를 통해 높은 수준으로 정보와 상품의 흐름을 최적화할 수 있도록 돕는 역할을 합니다.

많은 스타트업들이 스스로 성공하기 위해 남들에게 없는 기술 자체에 많이 집중합니다. 하지만 기술만으로는 기존 체제를 변화시키는 것이 어렵습니다. 실제로 적지 않은 이들이 탈중앙화를 외쳤지만, 성공 사례는 암호화폐 이외에는 손에 꼽을 정도입니다. 그마저도 각종 문제로 인해 규제가 늘어나는 추세이고요. 재미있는 점은 탈중앙화를 위한 기술조차 결국에는 힘 있는 중앙기관이 사용할 때 더 큰 성과가 나온다는 점입니다. 왜냐하면 기술을 개발하고 활용하는 과정에서 막대한 자금이 필요하기 때문입니다. 샘 알트먼의 월드코인조차 새로운 코인의 약 4분의 1은 이미 벤처 투자자 및 회사 내부자에게 할당됐습니다. 자금 조달 과정에서의 불가피한 선택이었겠죠. 무엇보다 현장 도입에 가장 큰 걸림돌 중 하나는 기술의 숙련도가 아니라 사람입니다. 새로운 기술이 적용되는 모든 부서에 매뉴얼을 공급해야 하고, 새로운 시스템에 대한 변화와 적응을 강요해야 하며, 정책과도 연계되어야 하고, 새로 나타날 법적 문제를 예측하고 대비해야 하니까요. 대기업은 이 역할을 잘 수행할 수 있겠지만 중소기업이나 스타트업에게는 매우 버거운 일입니다. 따라서 신생 기업이 대기업보다 훨씬 발전된 기술을 만들어내 보유할 수는 있지만, 실제 그것의 도입은 별개의 문제인 셈입니다.

그래도 많은 이들이 도전을 멈추지 않고 있으며, 이용자의 수준도 조금씩 성장하고 있습니다. 한때 스마트폰은 위대한 발명이었고, 앱의 등장은 이를 더 높은 경지로 끌어올렸습니다. 당시엔 대부분 제대로 사용할 줄 몰랐지만, 지금은 모두가 익숙하게 사용합니다. 기술의 완성도와 방향도 물론 중요하지만, 성공의 열쇠는 결국 대중화에 얼마나 근접할 수 있는가일지도 모릅니다. 앞으로도 꾸준히 새롭고 참신한 시도가 등장과 소멸을 반복하면서 하나의 방향으로 귀결되는 형태로 나아갈 것입니다. 새로운 도약을 이끄는 사람이거나 그런 사람이되기를 꿈꾸고 있다면 참신한 기술과 함께 그것을 사용하는 이들에게도 초점을 맞춰보는 것이 어떨까 싶습니다.

7장

현실이 된 기후재앙

신음하는 지구

1960년대부터 기후과학자들은 기후변화에 관한 모니터링과 과학적 연구를 지속하고 있습니다. 그리고 1990년대에 이 같은 과학적 성과를 총망라해 '기후변화 Climate Change'라는 단어가 탄생했죠. 이전과 구별되는 기후가 찾아오고 있다는 경고성 메시지를 담은 용어입니다. 그리고 2000년대가 되면서 '기후변화'는 '기후위기 Climate Crisis'라는 단어로 진화했습니다. 단순히 세계에 경각심을 전달하는 것으로는 부족하고, 위기감을 전달해야 한다는 목소리가 높아졌기 때문입니다. 그리고 이제는 '기후위기'조차 넘어서서 '기후재앙 Climate Disaster'이라는 단어가 등장했습니다.

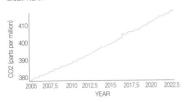

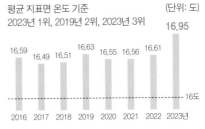

탄소농도(좌) (출처: NASA)
역대 가장 뜨거웠던 7월의 지구(우) (출처: 코페르니쿠스기후변화서비스)

변화의 중심에는 이산화탄소로 인한 지구온난화가 자리하고 있습니다. NASA가 정기적으로 갱신하고 있는 세계 이산화탄소의 농도는 깔끔한 상승 곡선을 그리고 있습니다. 과학자들이 수십 년간 인류에게 던진 메시지가 무색할 정도죠. 그리고 이제 여름이면 찾아오는 폭염은 당연한 일상이 되었습니다. 하지만 단순히 폭염이라는 단어만으로 오늘날의 현상을 표현할 수 있을지 모르겠습니다. 극한 추위의 대명사 시베리아가 2023년 6월 섭씨 40도에 육박하는 이상고온 현상을 보였습니다. 중국에서는 7월 기온이 섭씨 52도를 넘어 길거리 맨홀에서 팬케이크를 굽는 퍼포먼스를 선보인 남성이 있었을 정도이고, 이란 남부 페르시안 걸프국제공항은 기온이 무려 섭씨 66.7도에 이르렀습니다.

다국적 기후연구단체인 세계기후특성 WWA 은 기후변화로 인해 고온과 건조가 합쳐지면서 산불 발생 가능성이 2배 높아졌다고 말했습니다. 캐나다에서는 400건 이상의 산불이 일어나 우리나라 면적의 약 40%에 해당하는 숲이 연소되었습니다. 그 연기는 인근 미국까지 흘러

세상을 보는 지식

가 뉴욕 맨해튼의 공기질지수 AQI 를 218까지 치솟게 했죠. 당시 전 세계 도시 중 뉴욕보다 공기질이 안 좋은 곳은 오직 인도 뉴델리뿐이라는 웃지 못할 결과도 나왔습니다. 2023년 8월에는 하와이 마우이섬에 기록적인 산불이 일어나 실종자가 1,000명에 달했고, 건물 1,000채가 불에 타 이재민 수천 명이 발생했습니다. 미국 언론은 이를 100년 만의 최악의 화마라고 평가했습니다.

TIME (EDT)	WDIR	WSPD kts	GST kts	WVHT ft	DPD sec	APD sec	MWD	PRES in	PTDY in	ATMP °F	WTMP °F	DEWP °F	SAL psu	VIS nmi	TIDE ft
2023-07-25 10:00 am	-	-	-	-	-	-	-	-	-	-	94.5	-	27.76	-	-0.54
2023-07-25 09:00 am	-	-	-	-	-	-	-	-	-	-	95.0	-	28.90	-	-0.46
2023-07-25 08:00 am	-	-	-	-	-	-	-	-	-	-	95.4	-	28.94	-	-0.37
2023-07-25 07:00 am	-	-	-	-	-	-	-	-	-	-	95.0	-	28.37	-	-0.33
2023-07-25 06:00 am	-	-	-	-	-	-	-	-	-	-	94.5	-	27.79	-	-0.38
2023-07-25 05:00 am	-	-	-	-	-	-	-	-	-	-	91.6	-	23.51	-	-0.48
2023-07-25 04:00 am	-	-	-	-	-	-	-	-	-	-	91.9	-	23.79	-	-0.59
2023-07-25 03:00 am	-	-	-	-	-	-	-	-	-	-	92.1	-	23.78	-	-0.71
2023-07-25 02:00 am	-	-	-	-	-	-	-	-	-	-	93.7	-	23.69	-	-0.81
2023-07-25 01:00 am	-	-	-	-	-	-	-	-	-	-	93.2	-	23.64	-	-0.84
2023-07-25 12:00 am	-	-	-	-	-	-	-	-	-	-	95.9	-	27.47	-	-0.80
2023-07-24 11:00 pm	-	-	-	-	-	-	-	-	-	-	97.2	-	29.54	-	-0.75
2023-07-24 10:00 pm	-	-	-	-	-	-	-	-	-	-	98.6	-	30.17	-	-0.66
2023-07-24 09:00 pm	-	-	-	-	-	-	-	-	-	-	99.5	-	30.08	-	-0.58
2023-07-24 08:00 pm	-	-	-	-	-	-	-	-	-	-	100.4	-	30.02	-	-0.49
2023-07-24 07:00 pm	-	-	-	-	-	-	-	-	-	-	100.9	-	29.62	-	-0.43
2023-07-24 06:00 pm	-	-	-	-	-	-	-	-	-	-	101.1	-	28.71	-	-0.47
2023-07-24 05:00 pm	-	-	-	-	-	-	-	-	-	-	100.0	-	27.19	-	-0.55
2023-07-24 04:00 pm	-	-	-	-	-	-	-	-	-	-	99.5	-	27.24	-	-0.66
2023-07-24 03:00 pm	-	-	-	-	-	-	-	-	-	-	96.3	-	25.56	-	-0.79

기후변화에 따른 수온 변화 (출처: 미국 국립데이터부표센터)

바다의 변화도 심각합니다. 2023년 7월 미국 국립데이터부표센터에 따르면 플로리다주 마이애미에서 남쪽으로 약 64㎞ 떨어진 매너티베이의 수심 1.5m에 있는 한 부표에서 측정된 수온이 화씨 101.1도 섭씨 38.4도 를 기록했다는 충격적인 결과를 밝혔습니다. 사실상 뜨거운 욕조의 물 온도로 사람이 반신욕을 할 수준입니다. 이와 같은 현상이 미국만이 아니라 세계 각지에서 일어나고 있습니다.

높아진 수온은 바다의 색까지 바꾸었습니다. 7월 12일 미국 매사추세츠공과대학 연구팀이 《네이처》에 게재한 연구를 참조하면, 기후변화로 인해 식물성 플랑크톤이 줄어들어 전 세계 바다의 약 56%가 청녹색으로 변했다고 합니다. 뜨거운 욕조가 된 바닷물로 인해 인근 산호는 전부 백화현상이 일어났고, 먹이사슬 최하층에 존재하는 플랑크톤이 줄어드니 연쇄적으로 생태계가 붕괴되고 맙니다.

이런 현상이 우리나라에도 모두 나타났습니다. 2023년 8월 중대본은 폭염 위기 경보 수준을 '경계'에서 '심각'으로 상향했고, 언제부턴가 뉴스에는 산불 소식이 자주 등장하고 있습니다. 게다가 2023년 여름 대전·세종·충남에 사흘간 기록적 폭우가 내려 재산 피해뿐만 아니라 인명 피해도 났고, 바닷물 온도 상승으로 제주 서귀포에는 최근 1년 반 사이 국내 미기록 아열대 종이 여럿 출현하기도 했습니다.

인간으로부터 비롯한 기후재앙이 원인임은 분명합니다. 따뜻한 바다 때문에 습도가 오르고, 다수의 열돔이 평소보다 더 오랫동안 전 세계의 온기를 가두고 있으며, 제트기류로 폭풍이 느리게 이동해 나비효과를 불러일으킵니다. 여기에 동태평양의 해수면 온도가 평년보다 높아지는 엘니뇨 현상이 이런 추세를 부채질하고 있죠.

그뿐만이 아닙니다. 바닷물을 순환시키며 지구의 온도를 조절하는 해류의 움직임도 둔화되고 있습니다. 전 세계의 바다는 고이지 않고 끊임없이 순환하고 있죠. 바닷물은 차가운 심층과 따뜻한 표면을 순환하면서 지구 온도를 적절하게 유지하고, 해수면 유지와 영양분 공급을 맡는 '수중 컨베이어 벨트'로 일
하고 있습니다. 그러나 이런 움직임
이 2025년부터 붕괴되기 시작해 21
세기 안에 사라질 수도 있다는 덴마
크 코펜하겐대학 연구팀의 발표가
있었습니다. 어쩌면 지구 전체가 빙하로 뒤덮이는 영화 〈투모로우〉의
설정이 현실이 될지도 모릅니다.

　46억 년의 지구 역사를 지질학적으로 구분하는 지질시대로 나눠보
면 현재는 신생대 4기 홀로세 충적세, Holocene 입니다. 하지만 현 지질시
대를 마지막 빙하기 이후 약 11,700년간 이어지고 있는 홀로세가 아
니라 새로운 지질시대인 인류세 Anthropocene 로 규정해야 한다는 주장
이 지질학계에서 강하게 제기되고 있습니다. 지금까지의 모든 생물
은 지구의 영향을 받아왔습니다. 반면 인간은 외부 영향 속에서 진화
하는 존재가 아니라, 생물권을 조작할 수 있고 지금의 위기를 초래한
당사자로서, 지구의 영향을 받는 것이 아니라 지구에 영향을 끼치고
있습니다. 이처럼 인류가 미래에 대한 선택이 가능한 유일한 종이라
는 사실을 부각하며, 동시에 스스로 초래한 환경위기를 되돌아볼 것
을 요구하는 표현입니다. 지금을 인류세로 규정할 것인가는 국제층서
위원회 ICS 와 국제지질과학연맹 IUGS 집행위원회의 승인 여부에 따라
결정됩니다. 만약 인류세로 바라보는 것이 타당하다는 결론이 나면,
2024년 8월 부산 벡스코에서 열리는 2024 세계지질과학총회 IGC 에서
대대적으로 공표될 것입니다.

　안토니우 구테흐스 UN 사무총장은 2023년 7월의 뜨거운 지구를

보면서 "잔인한 여름이다 It is a cruel summer !"라는 평을 내놓았습니다. 7월 3일 지구 일일 평균기온이 관측 이래 최고기온을 선보였는데, 4일과 5일 기록을 연속으로 갈아치우며 계속 상승하는 모습을 보였죠. 과학계에서는 기후재앙이 이미 미지의 영역에 진입했다고 발표하며, 동시에 훨씬 더 악화될 전망이라고 경고했습니다. 세계기상기구는 지구 온도를 산업화 이전보다 1.5℃ 이상 오르지 않게 하겠다는 국제사회의 '기후변화 마지노선'마저 무너질 가능성이 크다고 경고했습니다. 그리고 66%의 확률로 지구 기온이 2023년에서 2027년 사이 적어도 한 번은 산업화 이전보다 1.5℃ 이상 오를 것이라고 예상했습니다. 1.5℃를 넘길 가능성은 2022년에는 50%로 점쳤으나, 2023년에는 66%로 올랐습니다. 그리고 98%의 확률로 앞으로 5년 안에 관측 이래 최악의 더위가 닥칠 것으로 전망되고 있습니다. 우리나라의 유희동 기상청장 역시 이대로 가다간 2100년에는 우리나라 기온이 산업혁명 이전보다 6.3℃ 상승할 것이며 현재 97일인 여름 일수는 170일로 2배가 늘어나고, 겨울 일수는 107일에서 39일로 대폭 줄어들 것이라고 경고했습니다. 대체 세계가 어떻게 대응했길래 이토록 악화일로로 걷는 것일까요?

COP27

2022년 11월 제27차 유엔기후변화협약 당사국총회 COP27 가 이집트에서 열렸습니다. 당시 유엔 사무총장 안토니우 구테흐스는 이집트에 모인 세계 지도자들에게 "우리는 '기후 지옥'으로 향하는 고속도로

세상을 보는 지식

위에서 가속페달까지 밟고 있고,
인류는 협력할지 멸종할지를 선택
할 수 있다. 이 전투에서 협력하거
나 집단자살을 택하라"라고 강도
높게 경고했습니다. 하지만 이들의 우려 섞인 훈계는 기후변화에 가
장 큰 책임이 있는 주범국들의 귀에는 닿지 못했다는 평가를 받고 있
습니다. 온실가스 배출 1위인 중국의 시진핑 주석과 3위인 인도의 나
렌드라 모디 총리는 불참했으며, 배출 2위인 미국 조 바이든 대통령은
중간선거 일정으로 늦게 참석했습니다. 배출 상위 10위로 시야를 넓
혀봐도 러시아, 일본, 이란, 한국, 인도네시아, 사우디아라비아 등 9개
국가가 불참했고 그 아래 장관급 인사를 대리로 보냈습니다. 제 일정
에 참가한 정상은 독일의 올라프 숄츠 총리가 유일합니다.

　세계 온실가스 배출의 대부분은 상위 몇 개 국가에 의해 이뤄집니
다. 그리고 한 나라에서도 상위 소득자가 더 많이 배출하는 구조입니
다. 이들이 4차 산업혁명을 주도하면서 막대한 이산화탄소를 배출하
기 때문입니다. 2023년 8월 매사추세츠대학 연구팀은 과학저널 《플로
스 기후 PLOS Climate》에 기고한 논문에서 미국의 소득 상위 10%가 미
국 전체 온실가스의 40%를 배출한다고 발표했습니다. 온실가스 배출
을 제한하기 위해 소비를 제한하는 방식은 부유층에 미치는 영향은 미
미하지만 가난한 사람들에게는 큰 어려움을 안겨줍니다. 발전은 소득
을 창출하지만, 생필품이 아니라 주식에 재투자되면 소비 기반 탄소세
의 부과 대상이 되지 않기 때문이죠. 따라서 투자가 아닌, 주주와 투자
소득의 탄소 집약도에 초점을 맞춘 세금 정책 소득 기반 배출량 을 채택해

야 한다고 주장합니다.

반면 기후재앙으로 인한 피해는 역설적으로 개도국에서 주로 나타납니다. 예를 들어, 파키스탄은 세계 온실가스 배출량이 1%도 안 됩니다. 하지만 2022년, 홍수로 국토의 3분의 1이 잠기고 기후재앙으로 인한 재난에 가장 취약한 10개국 중 하나로 선정되는 불명예를 얻었습니다. 따라서 온실가스 배출 상위권 국가가 나서서 큰 피해를 입은 하위권 국가에 지원금을 부담해야 한다는 것이 바로 이번 COP27의 주요 안건이었습니다.

'손실과 피해 loss and damage '는 유엔기후변화협약 UNFCCC 의 용어로 온난화로 인한 해수면 상승 등 인간 활동이 촉발한 기후변화로 인한 악영향을 총칭하는 단어입니다. 유엔 사무총장은 "오염을 일으킨 당사자가 비용을 지불해야 하며, 모든 선진국은 폭리를 취한 화석연료 기업에 '횡재세'를 거둬 기후변화로 고통받는 국가에 보상하라"고 촉구했습니다.

세상을 보는 지식

사실 이와 같은 요구는 이전에도 있었습니다. 과거 2009년 선진국들은 개도국 온실가스 감축과 기후변화 대응에 2020년까지 매년 1천억 달러 약 141조 1,000억 원 를 지원하겠다는 성명을 발표했지만, 소극적인 태도를 보이며 지키지 않았습니다. 그나마 2022년 9월 덴마크는 유엔 총회 부대행사에 참석해 기후변화로 손실을 겪는 개도국에 1,300만 달러 약 183억 원 이상을 지원하겠다고 발표했습니다. 선진국이 기후변화 취약 지역이 겪는 '손실과 피해'에 대해 실질적인 지원을 약속한 건 이것이 사실상 처음입니다.

덴마크가 지원을 약속하긴 했지만 매년 기후재앙으로 인한 세계적인 재정 손실 규모에 비하면 아직도 턱없이 부족합니다. 파키스탄만 해도 홍수 피해를 복구하는 데 100억 달러 약 13조 9,410억 원 이상이 소요될 것으로 추정되며, 2030년 개도국 전체 대응 비용은 연간 3천조 원이 넘을 것으로 보입니다. 사실상 언 발에 오줌 누는 수준에 불과합니다.

3차에서 4차 산업혁명으로 넘어간 지금, 전 세계적으로 자원 소비가 폭발적으로 이뤄지고 있습니다. 따라서 향후 10년간 진행될 에너지 기반시설 투자와 소비 증가가 개도국에서 집중적으로 이뤄질 것인 만큼, 개도국이 화석연료 의존에서 탈피하도록 돕지 않는다면 선진국과 개도국을 막론하고 수많은 생명이 위협받을 것은 자명합니다. 하지만 적절한 규모의 투자가 이뤄진다면, 극단적 기후변화로 인한 피해를 최소화하는 동시에 개도국의 경제성장을 도와 수십억 명을 빈곤에서 해방시킬 수 있을 것입니다. 게다가 인류 역사상 모든 문명권에서 이웃의 재산에 손해를 입히면 보상하는 것이 보편적 상식이었습니다.

그러나 기후변화 문제에 관해서는 그 상식이 통하지 않고 있습니다. 부를 차지한 선진국들이, 보상 규모를 명시적으로 정하면 금액이 기하급수적으로 늘어나 자국의 성장을 저해할까 우려하기 때문이죠.

이처럼 당장의 이득이 아닌 거시적인 관점에서 타국에게 손을 내밀기란 쉽지 않습니다. 가령 브라질에 위치한 아마존은 지구의 허파라고 불립니다. 하지만 경제난을 겪는 브라질이 발전을 위해 삼림 벌채를 강행하겠다고 주장한다면 과연 이를 막을 수 있는 명분이 우리에게 있을까요? 브라질 사람들 입장에서는 '어째서 우리가 세계를 위해 희생해야 하는가!'라고 주장할 수도 있지 않을까요? 2022년 7월 콩고민주공화국 정부는 경제위기 극복 방안으로 30여 곳에 달하는 석유와 가스 매장지를 경매로 내어놓았습니다. 문제는 이 지역에 탄소 저장고로 불리는 이탄지가 포함되어 있다는 점입니다. 이탄지는 식물의 잔해가 물이 고인 상태에서 잘 분해되지 못하고 수천 년에 걸쳐 퇴적돼 만들어진 토지를 말하는데, 일반 토양보다 탄소를 10배 이상 저장할 수 있어 기후변화를 억제하는 데 큰 역할을 하는 것으로 알려져 있습니다. 이 결정에 환경단체 그린피스가 "이 지역에서 석유 탐사가 이뤄지면 전 세계의 기후재앙이 극심해질 것"이라고 경고했죠. 하지만 당장 먹고살 길이 막막한 콩고의 입장에서 이런 경고가 과연 얼마나 유효할까요?

중국의 국제적 위치는 개도국 그룹 ^{비부속서 I} 에 속하지만 온실가스 배출량은 세계 1위로 다각도로 기금 공여 압박을 받고 있습니다. 한국도 기후변화협정과 관련해 개도국 그룹에 속하여 엄밀히 따지면 손실과 피해 기금에 공여할 위치는 아닙니다. 다만 경제 규모나 세계 수위

권인 온실가스 배출량 등을 고려하면 한국도 기금을 부담하라는 압박을 피할 수 없을 것입니다.

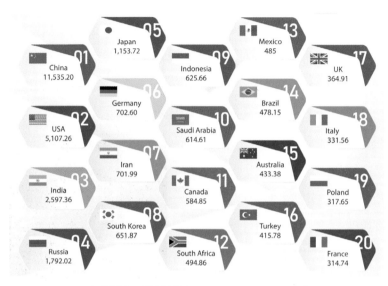

나라별 CO$_2$ 배출량 (출처: World Population Review)

　1장에서 언급했지만 최근 우리 경제가 많이 어렵습니다. 하지만 동시에 우리나라는 2022년 기준 탄소 배출 세계 8위로 기후재앙 주범 중 하나로 불리기에 손색이 없습니다. 힘든 형편에 다른 나라와 세계를 위해 지원금을 제출하라는 요구가 당도한다면 여러분은 어떻게 판단하겠습니까?

　COP27에서는 새로운 지구기후협약인 '샤름 엘 셰이크 이행 계획'이 합의되었습니다. 여기에는 진행 중인 기후재앙의 영향으로 인한 피해와 경제적 손실로부터 개도국이 복구할 수 있도록 돕기 위해 부유한 국가들이 '손실과 피해' 기금을 설립하고 자금을 제공하겠다는 역사적인 약속이 포함되었습니다. 그러나 얼마나 많은 국가가 기금을 받을 것이며 언제까지 받을지, 그리고 어떻게 운용할지는 미정입니다. 가장 큰 문제는 회의에서 도출된 결론 이행 여부가 대부분 '자율적'이며 감시체계 역시 존재하지 않는다는 점입니다. 국제사회에서 '상생'이라는 단어는 과연 존재할 수 있을까요?

'지구 평균기온 상승 폭을 산업화 이전 대비 1.5℃ 아래로 낮추기 위해 노력한다'는 내용을 담은 2015년 파리기후변화협약도 COP21 합의를 통해 탄생했습니다. 그러나 온실가스가 줄지 않고 오히려 꾸준히 상승해 온 배경에는 이 합의에 강제성이 없

을뿐더러 누구 하나 제대로 배출량을 감축하고 있는지 감시하지 않았기 때문입니다.

2023년 말에는 아랍에미리트 두바이에서 COP28이 열립니다. 이때는 어떤 안건이 올라오고 어떤 결론이 나는지, 우리 모두 관심을 가지고 지켜봐야 하겠습니다.

기후 경제학

2023년 여름, 불볕더위가 이어졌습니다. 상승하는 기온은 단순히 '덥다'라는 신체 반응으로 끝나지 않고 다양한 산업에 연쇄적으로 영

향을 미치고 있습니다.

한국 기후변화 리스크 연구단이 작성한 〈2020년 폭염 영향 보고서〉를 참조하면 '덥다'의 영향력을 한눈에 살펴볼 수 있습니다. 온도 상승은 직·간접적으로 건강, 농·축·수산업, 에너지, 교통 등 사회와 경제 전반에 영향을 미칩니다. 예를 들어 업무 환경에서는 근로자의 열 스트레스가 증가함에 따라 신체적·정신적 능력이 감소해 작업 역량이 저하됩니다. 건설현장에서는 데워진 철근으로 인한 화상 우려가 존재하고, 무더위를 피할 쉼터와 에어컨 설치가 필요합니다. 그리고 농지에서는 폭염으로 농산물 수급에 불균형이 발생해 가격이 상승하고 추가 지출액이 발생하게 됩니다. 이로 인해 식량값이 폭등하는 애그플

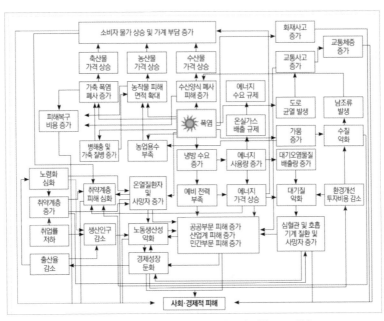

폭염이 미치는 영향 (출처: 〈2020년 폭염 영향 보고서〉)

레이션 Agflation 이 나타나면 경기가 좋지 않은데도 물가는 계속 오르게 되죠. 은행이 아무리 기준금리를 올려도 물가가 내려가지 않습니다. 게다가 폭염은 연로한 어르신과 취약계층의 건강에도 많은 부담이 되어 추가 복지비용을 발생시킵니다. 그리고 수해, 산불 피해 등으로 인해 나타나는 복구비용 등 모든 것이 결국 경제적·사회적 손실로 이어지게 됩니다.

영국 크리스천에이드 Christian Aid 는 2023년 1월 〈2022년 기후재난 비용 집계 보고서 Top 10 climate disasters cost the world billions in 2022〉를 발표했습니다. 그중 최악으로 꼽히는 10개 극한 기후재난에 대한 복구 비용을 합친 결과, 대략 1,681억 달러나 되었습니다. 세계의 모든 피해비용을 다 합친다면 이것의 몇 곱절은 나오겠죠.

일이 터진 후 해결책을 고민하는 것보다 좋은 것은 일 자체가 발생하지 않도록 하는 것입니다. 하지만 이것은 벌써 실패했습니다. 기후재앙은 이미 우리 곁으로 바짝 다가왔고, 우리는 그 여파를 경험하고 있습니다. 하지만 여전히 다수가 간접적으로만 느끼는 것 같습니다. 인간은 이기적입니다. 옆 나라가 기후재앙으로 직접적인 피해를 입고 울부짖어도 그것이 '내 일'이 아니라면 소극적입니다. 변화하는 것은 본인이 직접적인 피해 당사자가 될 때입니다. 하지만 그때는 이미 늦습니다.

2022년 우크라이나–러시아 전쟁이 벌어지고 미중 대결이 격화되면서, 환경보호는 크게 후퇴했습니다. 2022년 8월 중국이 낸시 펠로시 미국 하원의장의 대만 방문에 대한 보복으로 미국과의 기후변화 관련 대화와 협력을 중단함으로써 양국 사이의 드문 긍정적 접점이 사라졌다는 분석이 나왔습니다. 비록 2023년 존 케리 미국 기후변화특사가 중국을 방문했지만 냉랭한 분위기는 여전합니다. 특히 중국은 2023년 최악의 폭염을 감당하기 위한 석탄 수입이 급증해 역대 최다 기록을 세웠습니다. 중국 국가통계국 자료를 참조하면 2023년 상반기 석탄 수입은 2억 2,193만 톤으로 작년 동기 대비 93% 급증했고, 석탄 생산량도 23억 톤으로 작년 동기 대비 4.4% 증가했습니다. 이는 매주 2개 꼴로 새로운 화력발전소를 가동하는 것과 비슷합니다. 더구나 제로 코로나를 비롯해 경기침체에 들어선 중국은 시진핑 집권 3기의 첫해, 경제 활성화를 위해 '세계의 공장'을 다시 가동하겠다는 의지를 보이고 있습니다. 2030년 탄소 배출의 정점을 찍고, 2060년에는 탄소중립을 실현하겠다고 국제사회에 약속한 중국의 탄소 배출 저감 로드맵 '쌍탄 雙炭'의 실현 여부도 미지수가 되었습니다.

중국뿐만이 아닙니다. 2023년 8월 발표된 국제지속가능개발연구소 IISD 의 보고서에 따르면 화석연료에 대한 공적 지원을 단계적으로 줄이겠다는 2021년 제26차 유엔기후변화협약 당사국총회 COP26 의 약속에도 불구하고 2022년 화석연료에 사상 최대 규모의 투자가 이뤄진 것으로 드러났습니다. 이대로 가면 예고된 파멸을 맞이할 뿐입니다.

최악의 결말을 피하고자 많은 나라가 고민하기 시작했습니다. 아무리 이상적인 '명분'을 내세워봐야 먹히지 않는다는 것을 모두가 압니다. 그렇기에 '실리'로 다가서려는 시도가 등장했습니다. '환경'이 아닌 '경제'의 측면에서 문제를 해결해나가자는 거죠.

ESG는 환경 Environment 과 사회 Social , 그리고 지배구조 Governance 를 뜻하는 말입니다. 이윤만을 추구하는 것이 아니라 의사결정 시 사회

책임투자의 관점에서 비재무적 요소 역시 고려해야 한다는 거죠. 상생을 위해 모두가 참여하도록 강제성을 부여한 것이 'ESG 평가 정보'입니다.

2022년 12월 EU _{유럽연합} 는 철강·비료 등의 수입품에 탄소 국경세를 부과하는 탄소 국경조정제도 ^{CBAM} 도입에 합의했습니다. 이번 합의로 2023년 10월부터 수입품의 탄소 함유량이 기준치를 초과할 경우, 탄소배출권거래제 ^{ETS} 와 연동해 탄소 가격을 추가 부과하는 조치를 시범 운영하게 되었습니다. 특히 탄소 배출이 많은 철강·비료·알루미늄·전력 등을 수출하는 기업들은 제도 시행 후 첫 3년간 탄소 배출량을 의무적으로 신고해야 합니다. 탄소 국경세는 탄소 배출량이 많은 제품을 수입할 때 기준치보다 초과된 배출량에 대해 수입업자가 비용을 더 내도록 하는 제도입니다. 대외적으로는 탄소 배출량을 줄이기 위해 노력한 기업이 차별받지 않도록 보호하는 제도이지만, 사실상 이를 수행하지 못한 해외 기업에 추가적인 관세를 매기는 제재에 가깝습니다. 이번 합의로 적용되는 품목은 철강·시멘트·비료·알루미늄·전력·수소 6개이지만, 향후 유기화학물질·플라스틱 등이 추가로 포함될 것으로 보입니다.

당장 우리나라는 EU 수출 비중이 큰 철강 관련 업종이 직접적인 타격을 받을 것으로 보입니다. 관세도 관세이지만, 그보다도 반 ^反ESG 기업이라는 낙인이 찍히기라도 하면 훨씬 큰 치명타가 될 것입니다. 사실상 '지구를 파괴시키는 기업'이

세상을 보는 지식

라는 이미지가 추가되는 것이니까요. 앞으로 폭염이 발생하고, 홍수가 터지고, 해수면이 상승하고, 동식물이 멸종할 때마다 "모두 A기업 때문이야!"라는 말이 오르내린다고 상상해보세요.

우리나라는 선진국 반열에 들어섰지만, 여전히 제조업 중심의 국가입니다. 그리고 그 중심에는 여러 중소기업들이 있습니다. 우리나라의 중소기업들은 대기업과 달리 대부분 정부의 온실가스 배출권 거래제와 에너지 목표 관리제 대상에 속해 있지 않기 때문에 정확한 탄소 배출량 산정조차 어려운 실정이며, 배출을 줄이기도 쉽지 않습니다. 탄소 국경조정제도는 오늘날 출현한 새로운 무역장벽인 셈입니다.

탄소 국경세와 함께 나타난 것이 바로 탄소배출권입니다. 온실가스를 일정 기간 동안 배출할 수 있는 권리로, 감축의무를 지닌 국가가 기준치보다 적은 양을 배출했다면 남은 양을 초과한 국가에게 판매할 수 있는 제도입니다. 환경문제를 시장원리와 연계해 온실가스 감축을 촉진하기 위한 방편인 거죠. 탄소중립의 실현이 늦어지면 늦어질수록 무역 참여 자체도 어려워질 뿐만 아니라 탄소 초과배출의 대가로 다른 나라에게 배출권을 구매해야만 합니다.

영국 케임브리지대학과 UEA대학은 기후변화가 국가신용등급에 미치는 경제적 영향에 대한 시뮬레이션 결과를 2023년 8월 발표했습니다. 결과를 살펴보면, 탄소 배출 억제에 실패할 경우 향후 10년 이내에 59개국의 부채상환비용이 증가하고, 특히 중국·인도·미국·캐나다는 기후조정등급 시스템하에서 신용점수가 두 단계 하락함에 따라 더 높은 비용을 치를 것으로 나타났습니다.

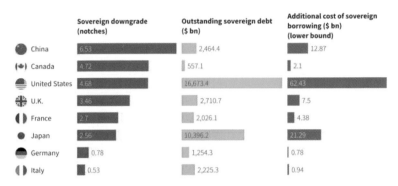

	Sovereign downgrade (notches)	Outstanding sovereign debt ($ bn)	Additional cost of sovereign borrowing ($ bn) (lower bound)
China	6.53	2,464.4	12.87
Canada	4.72	557.1	2.1
United States	4.68	16,673.4	62.43
U.K.	3.46	2,710.7	7.5
France	2.7	2,026.1	4.38
Japan	2.56	10,396.2	21.29
Germany	0.78	1,254.3	0.78
Italy	0.53	2,225.3	0.94

기후 불이행에 따른 부채의 증가 (출처: 케임브리지대학, UEA대학)

이를 통해 탄소중립이 늦어지면 늦어질수록 국가의 차입 비용이 증가하고 이는 기업의 부채 비용 증가로 이어진다는 사실이 증명되었습니다. 만약 파리기후협정이 지켜진다면 국가신용등급은 제한적인 영향을 미칠 뿐이지만, 완전한 실패를 가정한 최악의 시나리오에서는 전 세계 부채상환 비용이 수천억 달러까지 증가할 것으로 추산되었습니다. 한국도 마찬가지입니다. 재정·거버넌스가 악화일로로 치닫는 상황에서 탄소로 인한 추가 비용까지 지불하면 등급 하락을 염려하지 않을 수 없습니다. 국가신용등급이 높으면 낮은 금리로 채권을 발행하는 것이 가능하며, 글로벌 투자자 유치와 해외자금 조달이 용이합니다. 반면, 등급이 저하되면 해당 국가는 물론 기업 운영에도 문제가 생깁니다. 개별 기업이나 금융기관의 신용평가도 해당 국가의 신용등급을 토대로 이뤄지는 까닭이죠. 따라서 아무리 실적이 좋은 우량기업일지라도 좋은 신용평가를 받기 어려워집니다.

우리나라의 2050탄소중립녹색성장위원회와 환경부는 2023년 1월

'제1차 국가 탄소중립·녹색성장 기본계획 2023~2042년' 정부안을 발표했습니다.

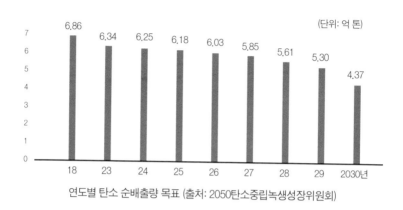

(단위: 억 톤)

연도별 탄소 순배출량 목표 (출처: 2050탄소중립녹생성장위원회)

연도별 배출량 목표를 상세히 공개하고, 해마다 감축할 탄소량을 명확히 명시하고 있죠. 2030년까지의 온실가스 배출량 감소 목표치가 이전 정부보다 줄어들었다는 비난도 있지만, 원전과 재생에너지, 그리고 탄소포집기술 등의 감축 사업을 통해 보완하겠다는 계획입니다. 여기에 원전 활용을 포함한 계획을 CF100 Carbon Free 100 이라고 합니다.

대기업들도 발 빠르게 움직이고 있습니다. 기업 운영에 있어 탄소 순배출량을 '0'으로 만드는 탄소중립이 이제 선택이 아닌 생존을 위한 필수가 되었습니다. LG는 2030년 탄소중립, 2050년 재생에너지 100% 전환이라는 중장기 계획을 세웠고, SK는 배터리 재생 분야를 중점 삼아 2040년 탄소중립 실현을 목표로 세웠습니다. 삼성전자는 세계에서 가장 많은 전력을 사용하는 ICT 제조업체 중 하나입니다. 전력 수요가 큰 만큼 다소 늦은 2050년을 목표로 잡고 있습니다.

국가와 기업 모두가 탄소 배출 규제를 강화하는 세계 각국의 정책에 선제적으로 대응하고 국제사회의 재생에너지 전환 흐름을 선도해가야 하겠습니다. 그리고 이런 움직임을 우리 모두가 응원해야 합니다.

위기를 기회로

우울한 내용을 많이 다뤘지만, 위기 옆에는 언제나 기회가 있는 법입니다. 그 기회를 포착하는 것이 중요합니다. 우리는 두 가지 방침을 병행해야 합니다. 하나는 변화하는 환경에 적응하는 것이고, 다른 하나는 악순환을 선순환으로 전환하는 것입니다.

First Track

농담 반 진담 반으로 스페인에서 나오는 수돗물의 20%는 가공된 바닷물, 20%는 화장실이나 샤워실 등 도시의 폐수를 가공 처리한 물이라는 말이 있습니다. 강과 저수지가 말라 식수난에 봉착하자 지중해 물을 길어 소금기를 제하고 강물과 섞어 가정집 수도로 보내는 방식을 도입했죠. 바르셀로나는 2023년부터 향후 3년간 바닷물 사용량을 2배까지 늘린다는 목표를 세웠습니다.

여기서 발전하는 사업이 바로 담수 플랜트 사업입니다. 우선 바닷물을 식수로 바꾸는 데 큰 비용이 들어갑니다. 담수화 처리 과정에서 사용하는 약품은 환경문제를 야기할 수 있으며, 탈염 조치를 취한 뒤 남은 초염 염수를 적절히 처리하지 않으면 바다 생태계를 파괴할 수 있습니다. 그리고 바닷물을 육지로 끌어오는 파이프라인 건설 역시 사업에 포함됩니다. 이 모든 과정을 연구하고 발전시키는 것이 바로 담수화 사업입니다. 기존 이스라엘, 아랍에미리트, 사우디아라비아 등에서 중점적으로 진행된 사업이 이제는 물이 풍부했던 지중해 국가까지 넘어와 크게 성장하고 있는 것입니다.

폭염으로 나타난 또 다른 사업은 보험입니다. '파라메트릭 Parametric 보험'으로 불리는 이것은 개별 사고에 대한 평가 없이 특정 지수에 도달하면 가입자에게 자동으로 보험금을 주는 상품입니다. 폭염의 경우, 가입자가 실제로 당한 피해 정도와 관계없이 기온 등 객관적 지표가 계약 조건을 충족하면 보험금이 지급됩니다. 개별 가입자에 대한 손해 사정 절차가 별도로 필요 없다 보니 빠르게 손해 보상이 이뤄져 대규모 자연재해에 적합한 상품이죠. 미국에서는 40°C가 넘으면 여행비 100%를 보상하는 상품이 등장했고, 일본에서도 40°C를 넘으면 보험금을 지급하는 상품이 호황을 누렸습니다. 가격도 하루 약 100엔으로 매우 저렴합니다. 인도에서도 유사한 상품이 등장해 저소득층 근로자들에게 큰 인기를 끌고 있고요.

한국 딜로이트그룹이 작성한 보고서 〈탄소중립 시대〉를 참조하면, 전 세계 노동 인구의 4분의 1에 해당하는 약 8억 개의 일자리가 기후 위기로 사라질 수 있다는 분석이 나와 있습니다. 앞서도 언급했지만, 일자리의 절대치는 크게 변하지 않습니다. 변화하는 것은 일의 형태입니다. 여기서 '그린컬러'라는 신조어도 등장했습니다. 그린컬러는 환경을 파괴하지 않는 친환경 직종에 종사하거나 또는 본인의 업무에 친환경을 접목하는 노동자를 의미합니다.

AI 발전에 중요한 부분 중 하나는 그래픽처리장치 GPU 입니다. 엔비디아가 꾸준히 강세인 이유가 GPU에 있어 세계 최고 기술을 보유하고 있기 때문이죠. 다만 환경공학적 시각으로 바라보면 GPU는 환경의 적입니다. 머신러닝 기초 작업을 수행할 때 뿜어내는 탄소 배출량이 대단히 많습니다. 가령 특정 인공지능의 GPU 하나가 24시간 동안 머신러닝을 실행할 때 배출하는 탄소량은 내연기관 자동차가 14km를 이동하면서 뿜어내는 양^{약 2.8kg}에 육박합니다. AI의 발전이 지구에겐 재앙이라는 말이 허풍이 아닌 이유입니다. 그리고 2023년 큰 화제를 몰고 온 ChatGPT에게 질문을 20~50개 던지면 500ml 냉각수 한 통이 사라진다는 텍사스대학의 연구 결과도 있습니다. AI의 발전에 어떻게 환경보호를 접목할지를 고민하는 것이 새롭게 떠오르는 직군 중 하나입니다.

지구가 뜨거워지면서 새롭게 조명받는 땅이 있습니다. 바로 그린란드입니다. 그린란드에는 다양한 광물이 매장되어 있는 것으로 알려져 있는데, 표면의 빙하가 녹으면서 채굴이 쉬워진 희소 광물이 새로운 돈줄로 떠오르고 있는 겁니다. 세계 여러 부호의 투자를 받는 기업 '코볼드 메탈'은 그린란드 서부 해안에서 광물을 탐사하고 있습니다. 목표는 석탄, 구리, 금, 아연 등과 같은 일반 광물뿐만 아니라 전기자동차의 배터리에 사용되는 '4차 산업혁명의 쌀' 니켈과 코발트까지 탐색하고 있습니다. 희토류 매장량은 약 6억 톤으로 추정되는데 이는 전기차 수십억 대를 만들 수 있는 양입니다.

이는 정치적 측면에도 영향을 미칠 것으로 보입니다. 전 세계 희토류 공급망은 중국이 90% 이상 장악하고 있습니다. 미·중 무역전쟁이 격화되고 중국은 자원을 무기 삼아 미국을 압박하고 있죠. 만약 그린란드 채굴이 성공한다면 지금의 판도를 완전히 바꿀 수 있다는 분석도 나옵니다. 그리고 상업적 측면과 환경적 측면에서도 전기차 생산이 많아질수록 기후위기에 대응한다는 명분이 성립합니다.

그러나 기온이 높아질수록 채굴이 쉬워지면 환경파괴가 일어날 테고, 미지의 땅조차 결국 인간의 손길이 닿아 앞으로 오염되고 말 것이라는 예상은 복잡한 감정이 들게 합니다. 특히, 영구동토층에는 수만 년 전의 고대 바이러스나 병원체가 봉인되어 있습니다. 이들이 무분별한 개발로 풀려날 경우 종의 다양성을 최대 32% 감소시키는 혼란이 나타날 수 있다는 연구 결과가 2023년 8월 핀란드 헬싱키대학, 미국 미시간대학 국제 연구진에 의해 발표되기도 했습니다. 그린란드 다음은 남극과 북극일 테고, 그다음은 또 어디를 가야 할까요? 다가오는 흐름을 이해하고 고민하며 앞으로의 대책을 세워야겠습니다.

Second Track

제조업 중심인 우리나라는 필연적으로 공정 과정에서 많은 탄소를 배출할 수밖에 없습니다. 그런 만큼 탄소중립이라는 목표는 대단히 도전적이며 시간이 촉박한 과제라고 할 수 있습니다.

2022년 11월 KIAT의 보고서 〈제조업 탄소중립 방향·추진전략〉에 따르면, 우리나라 다배출 업종이 생산하는 부가가치가 국내총생산 GDP 에서 차지하는 비중은 8.4%로, 독일 5.6%, 일본 5.8%, 유럽연합 EU 5.0%에 비해 높은 수준입니다. 그래서 현재의 기술 수준에서는 혁신적인 감축 수단이 제한적이며, 생산 과정이 탄소 배출과 동조화된 제조업의 경우 국가 산업경쟁력에 부정적일 수 있다고 말합니다. 이를 극복하기 위해 각 산업 부문의 생산공정에서 탄소를 줄이기 위한 혁신적인 공정기술 개발과 실증, 범정부적인 중장기 기술개발 투자, 범부처의 적극적인 대응이 필요하다고 주장합니다. 또한, 설비투자와 기술개발에 대한 정부 차원의 지원과 세액공제 지원도 확대될 필요가 있습니다.

쉽지 않은 길입니다. 아직 제조업에서 서비스업으로의 전환이 매끄럽게 이루어지지 않은 현재, 존재하지 않는 기술을 개발하여 효율화를 추구해야 한다는 말이니까요. 하지만 그래도 해야 합니다. 우리는 나라가 성장하기 위한 네 가지 조건 중 오직 기술밖에 없으니까요.

세상을 보는 지식

2023년 8월 공개된 '기후변화 관련 재무정보 공개 태스크포스'를 참조하면 SK는 2040년까지 탄소중립을 실현하지 못하면 연간 약 1,730억 원, 누적으로는 2조 4,000억 원의 비용이 발생합니다. 그러나 실현에 성공한다면 비용은 730억 원으로 약 1,000억 원의 절감이 가능하며, 누적 절감액은 약 7,380억 원입니다.

국내외 온실가스 배출량 규제 도입에 따른 재무적 영향을 분석한 기업들도 오는 2040년까지 넷제로 개인이나 회사, 단체가 배출한 만큼의 온실가스를 다시 흡수해 실질 배출량을 '0'으로 만드는 것 를 달성하지 못하면 연간 약 1,000억 원의 탄소 비용이 더 발생할 것이라는 분석을 내놨습니다. 반대로 넷제로 투자 시엔 오히려 추가적 배출권 판매를 통해 이익을 낼 수도 있습니다.

이는 손해를 감수해야 하는 과정이 아니라, 새로운 시장의 개척으로 바라봐야 합니다. 2021년 4월 애플은 탄소중립 정책을 발표한 후 애플 에너지 Apple Energy 를 설립하고 2030년까지 제품 개발 과정뿐만 아니라 모든 공급망에서 100% 탄소중립을 이룰 것을 선언했습니다. 구글도 구글 에너지 Google Energy 를 설립해 협력업체들과 함께 재생에너지 사업 영역을 확장하면서, 보유한 데이터 센터의 전기를 100% 재생에너지로 대체하고 있습니다. 테슬라는 태양광, 전기자동차, 에너지저장시스템 ESS 을 합친 V2G Vehicle to Grid 를 구축해 에너지 기업으로의 포부를 밝혔습니다. 위 구상이 궤도에 접어들면 가상발전소 Virtual Power Plant 로의 전환을 통해 축적된 에너지를 기반으로 한 구독서비스나 패키지 임대 등을 통해 빅블러를 꾀하려는 거죠. 이처럼 기존의 전력체계와 재생에너지를 연결하고 저장·전송하는 것은 물론, 전력수요

예측에 기반한 유연한 전력 공급 및 절감이 가능하도록 하는 것을 '에너지 클라우드'라고 합니다.

세계 최고의 자산운용사 블랙락BlackRock은 기후변화 리스크가 곧 투자 리스크이며, 기후변화 대응 여부에 따라 자본을 재분배하겠다고 선언했습니다. 2023년 5월 독일 라이프치히에서 열린 국제교통포럼ITF 교통장관회의에서도 앞으로는 파리기후변화협약의 가치를 존중하지 않는 프로젝트는 결코 실현될 수 없다는 결론을 도출했습니다. 한마디로 기후변화에 솔선수범하지 않으면 투자를 안 할 것이며, 각종 규제가 뒤따르게 된다는 말입니다. 이를 뒤집으면 기후변화에 솔선수범하는 기업에 자원을 대폭 지원해준다는 말로 해석할 수도 있습니다. 탄소 배출 규제와 탄소배출권 등은 모두 '마이너스−실리' 측면의 정책입니다. 성공하지 못하면 언제나 손해를 보고 의욕은 떨어지게 됩니다. 우리는 적극적으로 변화하여 '플러스+실리'로 나아가야 합니다.

탄소중립은 위기가 아닌 기회입니다. 2023년 1월 1일 최태원 대한상공회의소 회장은 신년사를 통해 "인류의 문제에 대한 해결책을 제시하는 기업이 앞으로 선택받게 될 것"이라고 강조했습니다. 해외 역시 이를 인지하고 있습니다. 구글 딥마인드의 콜린 머독 최고사업책임자CBO는 AI가 인류의 기후변화 대응에 도움을 줄 것이라고 전망했고, 재산의 절반 이상을 생전 또는 사후에 기부할 것을 약속한 대부호들의 기부 클럽 더 기빙 플레지The Giving Pledge에는 28개국 억만장자 230여 명이 이름을 올려 지구 재생과 통합에 기금을 사용할 것을 밝혔습니다.

　지구 재생은 그 누구도 반대할 수 없는 완벽한 명분입니다. 하지만 명분만으로는 모두의 호응을 이끌어내지 못하기 때문에 실리라는 강제 수단이 동원된 것입니다. 우리는 이제 명분을 챙기는 동시에 실리를 추구해야 합니다. 지구 재생에 앞장서는 동시에 자신의 부를 확실히 취하는 것으로 지속 가능성을 실현하는 것입니다. 성공할 경우, 감히 어느 누가 반대할 수 있을까요?

　그래도 모두의 노력 덕에 조금씩 나아지고 있습니다. 2023년 1월 세계기상기구는 〈2022 오존층 고갈에 대한 과학적 평가〉 보고서를 통해 구멍난 오존층이 조금씩 메워져 북극은 2045년, 남극은 2066년에 완전히 회복될 것으로 전망했습니다. 오존층이 메워진다면 매년 약 200만 명을 피부병으로부터 구할 수 있으며 다양한 경제적 이득이 발생하게 됩니다. 세계의 작은 점들이 모여 거둔 큰 성과를 모두와 함께 공유하게 되는 거죠. 더욱 많은 이들이 이렇게 함께 나아갈 수 있기를 바랍니다.

8장

미래로 나아가는
애그테크

세계 인구 80억 돌파!

1805년 10억 명이었던 세계 인구는 1927년 20억 명을 넘어섰습니다. 그리고 약 100년이 흐른 지금, 80억 명을 넘어서며 8배나 증가했습니다. 유엔 사무총장은 "80억 명을 넘어선 것은 지구에 대한 인류 공동의 책임을 고려하면서 다양성과 발전을 축하하기 위한 기회"라고 평했습니다.

세계 인구수가 꾸준히 증가한 배경에는 보건과 의료의 발전이 큰 영향을 미쳤습니다. 기대수명이 증가한 것은 인류에게 희망적인 일인 동시에 위협이기도 합니다. 인구 증가에 따라 온실가스 배출도 급증했고, 기온 상승에 따른 기후재앙이 현실화되어 식량 부족으로 이어지고 있으니까요. COP27에서 거론되었던 또 하나의 중요한 의제가 바로 '급격한 인구 증가가 기후변화에 대응하는 국가의 취약성을 얼마나 악화시키는가'였습니다.

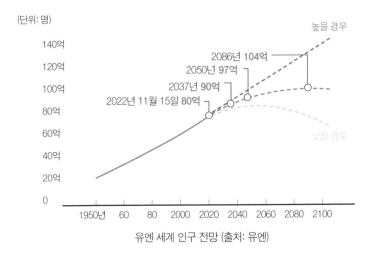

(단위: 명)

140억

120억 2086년 **104억**

100억 2050년 **97억**

.... 2037년 **90억**

80억 2022년 11월 15일 **80억**

60억

40억

20억

0

1950년 60 80 2000 2020 2040 2060 2080 2100

높을 경우

낮을 경우

유엔 세계 인구 전망 (출처: 유엔)

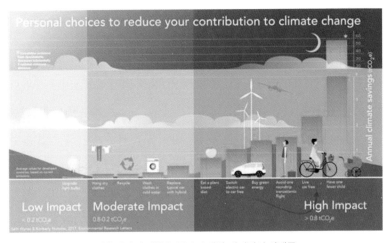

기후변화의 영향을 줄이기 위한 개인적인 선택들

2017년 스웨덴 연구진이 제공한 '기후변화의 영향을 줄이기 위한 개인적인 선택들'을 참조하면 우리가 지금 시행하고 있는 재활용의 효과는 사실 미미합니다. 위 그림을 참조하면 빨래는 건조기를 사용

세상을 보는 지식

하는 것보다 널어서 말리고, 분리수거와 재활용, 뜨거운 물보다는 찬물로 세탁하는 순으로 이어집니다. 효과 폭이 확 증가하는 단계 High Impact 의 첫 번째가 이번 장에서 중점적으로 다룰 대체식품 섭취입니다 그림에서 사과 아이콘 부분, Eat a plant based diet . 참고로 가장 우측에 위치한 막대는 아이를 한 명 덜 갖는 것입니다 Have one fewer child . 지구에 가장 해악을 끼치는 생물이 인간이라는 거죠. 하지만 우리가 지구를 위해 스스로 멸종할 수는 없는 노릇 아니겠습니까. 중요한 것은 잘못을 인정하고 개선하는 것입니다.

세계와 우리나라가 어떤 상황에 직면해 있으며, 어떻게 돌파해나갈 수 있을지 살펴보도록 하겠습니다.

글로벌 식량난

조이스 창 JP모건 글로벌 리서치 총괄은 흑해곡물협정의 붕괴, 엘니뇨, 쌀 수출 제한, 이 세 가지 충격으로 인해 식량 가격이 상승할 것

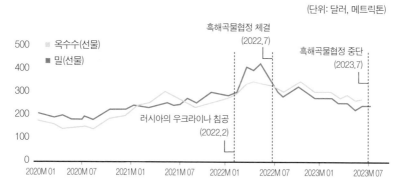

우크라이나—러시아 전쟁이 불러일으킨 식량 안보의 위기 (출처: 한국농촌경제연구원)

이라고 경고했습니다.

우크라이나와 러시아의 전쟁은 분명 식량 안보를 크게 위협했습니다. 세계의 밥상을 담당하는 두 나라가 전쟁을 일으키자 곡물 가격이 급등했고, 러시아가 2022년 7월 유엔과 튀르키예의 중재로 타결됐던 흑해곡물협정을 일방적으로 파기하면서, 농산물 가격이 급등해 물가가 오르는 '애그플레이션 Agflation'이 나타나고 있습니다.

그러나 전문가들은 기후재앙이 더 큰 원인이라고 말합니다. 아시아는 농산물 가격이 15년 만에 최고 수준으로 급등하고 있습니다. 2023년 8월 태국 쌀수출협회의 자료에 따르면, 아시아 쌀 가격의 기준이 되는 태국산 백미 가격이 지난 1년 동안 50% 가까이 상승해 역대 최고 거래가를 찍었습니다. 주요 원인으로는 적도 지역의 바닷물 온도가 평년보다 2℃ 이상 높아지는 슈퍼 엘니뇨 현상이 지적되고 있습니다. 0.5℃가 높아지는 일반 엘니뇨에 비해 수온이 크게 높아지는 슈퍼 엘니뇨는 2023년을 제외하면 1982~1983년, 1997~1998년, 2014~2016년 총 3회 발생했습니다. 슈퍼 엘니뇨가 나타나면 미국 남부와 멕시코 지역은 강우량이 높아지는 반면, 미국 북부와 캐나다, 아시아, 호주, 남부 아프리카에는 가뭄이 나타나고, 토양 생태계 교란과 해충에 의한 농작물 피해로 수확량 급감과 품질 저하가 이어집니다. 특히, 전 세계 쌀 생산량의 90%를 책임지는 아시아에 농수가 부족해져 가격이 폭등하게 되죠.

세계 식량 생산의 60%를 책임지는 5개국 미국·중국·인도·브라질·아르헨티나 역시 엘니뇨 세력권에 포함되어 있다는 점도 애그플레이션을 심화시키고 있습니다. 2023년 미국은 극심한 가뭄으로 인해 대평원의 밀 수확량이 60년 만에 최저 수준에 근접했습니다. 겨울밀의 3분의 1 정도가 폐기될 것으로 예상되며, 이 추세가 계속된다면 밀 수출국이 오히려 밀을 수입하는 날이 올지 모른다며 걱정하고 있습니다. 오렌지도 최고가를 경신했습니다. 작년 주요 생산지인 미국 플로리다주에 허리케인과 한파가 들이닥쳐 수확량이 급감했기 때문입니다.

중국도 상황이 비슷합니다. 중국 국가통계국은 2023년 곡물 생산량이 전년 동기 대비 0.9% 감소했으며, 파종 면적은 증가했지만 ha당 생산량이 전년 대비 1.2% 감소했다고 발표했습니다. 생산 면적을 늘렸는데 오히려 작황이 줄어든 충격적인 결과가 나온 거죠. 원인으로는 2022년 겨울부터 계속된 남서부 지역의 가뭄과, 여름 곡물의 대부분을 차지하는 밀의 수확 철인 5월에 허난성 일대에 폭우가 쏟아졌기 때문입니다.

인도는 세계 토마토 2위 생산국입니다. 토마토는 수출도 많이 하지만, 양파와 함께 인도인들의 생활에 꼭 필요한 재료이기도 하죠.  그러나 토마토 가격이 2023년 1월 대비 7월에는 400%가량 폭등했습니다. 빠르게 들이닥친 폭염에 제대로 꽃을 피우지 못했기 때문입니다. 일반 가정과 맥도날드 등의 음식점에서는 토마토가 포함된 음식이 자연스럽게 자취를 감췄고, 토마토 운송 트럭이 통째로 절도당하는 사건도 번번하게 나타납니다.

인도는 세계 최대 쌀 수출국입니다. 하지만 2022년 발생한 대홍수로 인해 수확량이 급감했습니다. 인도 정부는 국내 물가 상승을 억제하기 위해 20%의 추가 관세를 결정했습니다. 하지만 오히려 수출량이 35% 폭증하는 결과가 나왔죠. 기후재앙으로 피해를 받은 나라가 인도만이 아니기 때문입니다. 다른 나라도 다들 수확량이 급감해 높은 가격에도 불구하고 생존을 위해 수입할 수밖에 없었던 거죠. 생산한 쌀이 계속 해외로 유출되자 결국 인도 정부는 2023년 7월 자국민 보호를 위해 관세에 이어 인디카 백미 수출을 아예 중단시켜버렸습니다.

국제 설탕 가격도 11년 만에 최고치를 경신했습니다. 브라질, 멕시코, 인도 등 설탕의 원료인 사탕수수 생산국들이 이상기후 현상으로 수확량에 타격을 입었기 때문이죠. 설탕 가격 상승은 초콜릿 같은 가공식품의 가격까지 연쇄적으로 끌어올리고 있습니다.

소고기 대국으로 불리는 아르헨티나에서는 이제 소고기가 사치품이 되었습니다. 인구의 3분의 1이 거주하는 부에노스아이레스에서는 소고기 가격이 작년 대비 약 75% 올랐습니다. 가뭄으로 목초지가 황폐해진 관계로 풀이 충분하지 않았고 콩 상태도 좋지 않아 수확이 힘들었기 때문입니다.

우리나라도 예외가 아닙니다. 농림축산식품부에 따르면 2023년 7월 역대급 폭우로 인해 전국 농지가 초토화되면서 농작물 침수, 낙과 등 피해 신고가 접수된 농지 면적이 서울 여의도의 약 123배에 이르렀습니다. 시금치 가격은 7월 기준 219%가 오르는 기염을 토했고, 적상추도 194%나 올랐습니다. 축산도 어렵기는 마찬가지입니다. 고온 스트레스로 소나 돼지, 닭이 사료 섭취를 거부하고 소화율도 떨어져 발육이 나빠졌죠. 더 극심한 경우, 번식 장애는 물론 일사병이나 열사병으로 가축이 폐사하는 경우도 많았습니다.

2023년 8월 세계자원연구소는 세계 인구의 4분의 1이 살고 있는 25개국이 현재 극심한 물 부족에 시달리고 있으며, 2050년에는 물이 부족한 인구가 지금보다 10억 명 더 늘어날 것이라는 연구 결과를 발표했습니다. 인구가 늘고 경제가 발전하면서 물 수요와 소비는 급증했는데, 기후재앙으로 수자원 관리가 어려워지면서 식수는 물론이고 농축산과 전력 생산에 필요한 물도 부족해진 거죠.

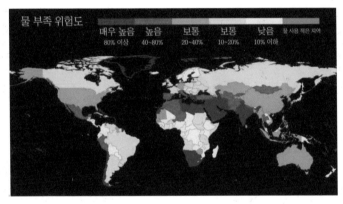

세계 수자원 위험 지도 (출처: 세계자원연구소)

연구소에서 공개한 '세계 수자원 위험 지도'를 살펴보면 물 사용이 적은 지역은 그린란드를 제외하면 사실상 없습니다. 지금은 물 부족이 심각한 위험 상태인 곳이 몇몇 국가에 집중되어 있지만 30년 뒤에는 전 세계의 60%가 물 부족을 겪을 것으로 예측됩니다.

다양한 원인이 있지만, 그 중심에 인간이 있다는 건 분명합니다. 국제 기후학자들의 모임인 '세계기상특성 WWA, World Weather Attribution'은 지금의 온난화가 더 악화되지 않고 현상 유지에 성공한다면, 2023년 미국, 유럽, 중국 등에서 발생한 극심한 가뭄이 20년에 한 번 꼴로 발생할 것이라고 합니다. 그러면서 인류가 유발한 기후변화가 애초에 없었다면 이러한 가뭄은 400년에 한 번꼴로 발생했을 것이라고 덧붙였죠. 반대로 만약 지금보다 0.8℃ 더 상승하면 이러한 가뭄이 매년 일어날 것이라고 경고했습니다. 인류는 이미 파멸의 카운트 버튼을 눌렀고, 인구가 늘어날수록 카운트는 빨라지고 있는 셈입니다.

《뉴욕타임스》는 세계 식량 가격이 급격하게 변화하는 현상이 앞으로는 큰 계기가 없더라도 빈번하게 나타나는 새로운 시대가 도래할 것이라고 전망했습니다. 인도의 쌀 수출 금지라는 선례가 등장했기에 앞으로는 기후가 급변하면 언제든지 세계 각지에서 수출 통제가 벌어질 수 있습니다. 식량이 무기가 되는 것은 순식간입니다.

가격이 급등하면 당장 큰 영향을 받는 건 저소득 국가에 거주하는 사람들입니다. 그러나 기후변화가 국가를 가려 찾아오지는 않습니다. 이미 전 세계가 영향권에 들었고, 그저 당장 버틸 능력이 있는가 없는가의 차이일 뿐이죠. 우리나라는 2023년 2분기의 출산율이 0.7으로 세계 최저 신기록을 자가 갱신했으며, 하반기에는 0.6대로 전망되고 있습니다. 내수시장은 전멸에 가깝고, 동시에 농촌의 인력도 사라지고 있으며, 곡물자급률은 약 20%로 OECD 국가 중 꼴찌 수준입니다. 그나마도 쌀 덕분에 간신히 높게 나오는 것일 뿐, 꾸준히 소비가 늘어가는 밀 자급률은 고작 0.8%에 불과합니다. 우리나라가 과연 얼마나 버틸지 의문입니다. 반면 중국은 20년째 '1호 문건'에 '3농 농업·농민·농촌'을 담고 있습니다. 새해 처음 발표되는 1호 문건은 당과 정부의 중점 추진 과제로서의 상징성을 갖습니다. 20년 연속 1호 문건에 3농을 담았다는 점에서 중국이 오래전부터 식량 안보에 큰 관심을 기울여왔다는 점을 알 수 있습니다. 우리나라도 각성해야 하지 않을까요?

세계식량계획의 아리프 후사인 수석 경제학자는 "특히 식량을 수입에 의존하고 부채가 큰 국가의 경우, 화폐 가치가 떨어지고 금리도 상승하고 있어 곤경에 빠질 것"이라고 전망했습니다. 이 케이스에 우리나라가 딱 들어맞는다고 생각되지 않나요? 생활 자재의 가격이 급등해도 우리는 불편함을 감수하고 살아갈 수 있습니다. 하지만 식량과 물은 생존과 직결된 문제입니다. 만약 원화 가치가 폭락해 쌀과 물의 가격이 금보다 비싸지는 날이 오거나, 식량을 돈으로는 더 이상 구매할 수 없는 날이 온다면 우리는 대체 어떻게 해야 할까요?

채소와 곡물

대두된 식량 위기로 인해 애그테크가 2030년까지 5,000억 달러 규모의 부가가치를 창출할 수 있다는 전망이 나왔습니다. 해외의 저명한 리서치 기관인 맥킨지가 2023년 발간한 보고서 〈농업의 연결된 미래〉에 따르면, 농축수산업 분야에서 AI, 데이터 분석, 센서 등의 기술이 도입되면서 수확량이 늘고, 비료와 물 등의 투입 효율성을 개선하는 흐름이 나타나고 있으며, 미국에서는 농부의 3분의 2 이상이 첨단 장치와 데이터를 농업에 활용하고 있다고 합니다.

세계 각지에서 애그테크에 대한 투자가 이어지고 있습니다. 네슬레는 미국 내에서 재생농업 방식으로 밀을 생산하는 농민에게 기술적·재정적 지원을 아끼지 않겠다고 발표했고, 펩시코 역시 재생농업에 큰 투자를 하겠다고 발표했습니다. 중국 알리바바의 창업자 마윈도 농업과 어업 투자에 진심인 것으로 전해지고 있습니다.

우리나라의 조재호 농촌진흥청장도 2023년 중점 사업으로 농업의 데이터 확보를 강화하고, 스마트농업 등 첨단기술을 확보하며, 농업 정보 공유 플랫폼도 구축할 것이리고 말했습니다. ChatGPT를 적용해 AI 농장 관리시스템을 선보인 회사도 있습니다. 세계 최대의 스마트팜 박람회 그린테크 2023에서 우리나라 스타트업인 크로프트는 '팜메이트'라는 앱을 선보였습니다. 농부는 앱을 통해 대화형으로 농사일에 대한 솔루션을 받을 수 있습니다. 가령 "최근 이틀간의 광량을 그래프로 정리해서 보여줘"라고 명령하면 곧바로 광원별 광량과 전기요금을 표시해준다고 합니다.

실외 재배에서는 드론들이 날아다니며 농작물을 촬영하고, 사진을 클라우드에 저장해 AI 분석을 거친 후 농가에 전달합니다. 일련의 과정을 통해 작물들을 모니터링하면서 각각에 필요한 영양분을 정확하게 파악한 다음 공급할 수 있습니다. 작물의 유전적·환경적 요인을 파악해서 수확량을 크게 개선하고 농업을 한 단계 더 발전시킬 수 있는 거죠. 기계가 사람의 일을 크게 줄이고 효율을 개선한 겁니다.

실내 농업도 최근 크게 성장하고 있습니다. 수박은 줄기가 땅에서 퍼지는 대표적인 포복형 작물로, 재배할 때 쭈그려 앉거나 허리를 숙여 작업할 수밖에 없어서 농민들이 고질적 관절통에 시달려 왔습니다. 하지만 이제는 땅에서 1m 높이에서 수박을 기를 수 있게 되었으며, 최근에는 흙 없는 농사라는 새로운 기술까지 등장했습니다.

이런 방법들의 가치는 모두 우리가 딛고 서 있는 땅에서 농사를 지어야 한다는 제약을 벗어난 데 있습니다. 기존의 농업은 평면인 2차원에서 진행되었습니다. 하지만 채소와 과일 등을 층층이 쌓으면서 재배가 가능해지자 3차원으로 공간 활용 극대화가 가능해졌습니다. 부동산을 예로 들면 기존의 단독주택에서 한정된 땅에 많은 사람이 거주할 수 있는 아파트로 넘어갔다고 이해하면 됩니다. 이를 '실내 수직농업'이라고 합니다.

미국 켄터키 모어헤드의 실내 농장에서는 수경재배로 흙 없이 농사를 짓고 있습니다. 저장한 빗물에 전적으로 의존하기 때문에 실외 농사 대비 물 사용량이 약 90% 절감되며, 실내 관리라 살충제도 필요 없어 유기농 재배가 가능합니다. 인공조명과 햇빛을 병행하여 에너지를 절약하고, 수확은 로봇이 담당해 사람의 수고도 덜 수 있습니다. 30층 규모의 농장 빌딩이면 5만 명의 먹거리를 해결할 수 있다고 합니다.

우리나라의 경우, 지금까지 농지였던 자리에 건물을 세우고, 남은 농지에는 비료를 덕지덕지 사용하는 바람에 토양의 질이 급격히 떨어졌습니다. 그러나 토지를 수직으로 활용하면 환경 부하를 줄일 수 있고, 기존의 농지를 다른 용도로 활용할 수도 있습니다. 농축산업은 공업과는 다르게 곧바로 성과가 나타나지 않고 긴 시간을 통해 점진적으로 효과가 나타납니다. 망치는 것은 한순간이지만 되돌리는 데는 오랜 시간과 노력이 요구되는 법입니다. 하지만 이제 실내수직농업으로 대지에 쉴 수 있는 휴식 시간을 주고 인류의 지속 가능성을 꿈꿀 수 있게 되었습니다.

실내 농업의 최대 장점은 '실내'라는 점입니다. 공간의 제약을 벗어났기에 변두리 농지가 아닌 도심의 건물에서도 농사가 가능하죠. 젊은이들이 농사를 기피하는 이유가 힘들고 고된 것도 있겠지만, 도심의 인프라를 포기해야 한다는 이유도 컸습니다. 하지만 이제는 아닙니다. 빌딩 한편에서 햇빛 한 줄기, 흙 한 줌 없이 농사를 지을 수 있으며, 다른 한편에서 발육 상태 파악, 수확량 개선, 품종 개량 등의 연구를 AI나 로봇과 함께 진행할 수 있죠. 마치 현대의 최첨단 공장과 같은 모습입니다.

농업의 중요한 거래 품목 중 하나가 종자입니다. 자유무역협정 FTA으로 인해 글로벌 시장은 초격차 기술력 확보를 위한 경쟁에 총력을 기울이고 있습니다. 종자산업은 수백, 수천 배의 부가가치 창출이 가능하며, 식량 안보에 매우 중요한 위치를 차지하고 있습니다. 농수산식품부에 따르면 글로벌 종자 시장은 2017년에 476억 달러 수준이었으나, 2025년에는 860억 달러로 약 두 배가량 성장할 것으로 전망됩니다.

우리나라는 세계 시장에서 경쟁력 있는 종을 개발하기 위해 AI를 활용한 빅데이터 분석과 생명공학기술을 융합하고 있습니다. 이를 디지털 육종 기술이라고 합니다. 해당 기술은 기존 육종 기술이 가진 한계를 딛고 복합 형질을 갖는 새로운 품종을 신속하고 정확하게 개발하는 것을 목표로 하고 있습니다. 2023년 2월 농수산식품부는 '제3차 종자산업 육성 종합계획'을 발표하고, 향후 5년간 1조 9,410억 원을 투자할 계획이라고 밝혔습니다. 세계적으로 수요가 높은 콩·밀·옥수수뿐만 아니라 향후 높은 시장 형성이 예상되는 스마트팜과 실내수직농장에 특화된 종자 딸기·상추·토마토·파프리카 등 의 개발을 강화하고, 쌀 적정 공급을 위한 가루 쌀 품종, 가족 단위가 작아지는 사회적 현상을 고려한 소형 양배추 등 1인에 적합한 채소와 과일 품종을 집중 육성할 계획입니다.

이제 농업이 3D 직종 Difficult·Dirty·Dangerous 이라는 말은 시대착오적 표현이라고 할 수 있습니다. 미국은 우주에 건설할 식물 공장 연구도 활발히 진행 중입니다. 앞으로 건설할 달 기지에 인간이 머무르면서 자급자족이 가능한 방법을 궁리하고 있죠. 그리고 먼 미래에 화성 기지에서의 운용 역시 염두에 두고 있습니다. 이처럼 농업은 작물을 분석하는 AI, 작물의 관리·수확·적재·운송·서빙·요리를 담당할 로봇, 서비스와 마케팅, 그리고 우주산업까지 연계되어 있습니다. 다양한 분야와 융복합이 이루어지기에 대단히 유망한 분야죠. 여러분의 적극적인 참여가 필요한 부분입니다.

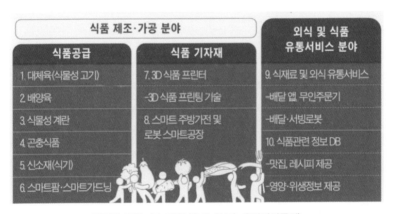

디지털 육종 기술 계획 (출처: 한국농촌경제연구원)

대체식품

　현재 실내 농업으로 생산 가능한 것은 채소와 과일 정도입니다. 하지만 채소와 과일을 '메인 식사'나 '인류를 지탱하는 식량'으로 보기는 사실상 어렵죠. 정작 우리에게 필요한 것은 곡물입니다. 곡물로 가축도 기르고 우리가 직접 먹기도 합니다. 그러나 기술이 아직 완숙되지 않았습니다. 당장 실내곡물재배와 축산업과의 연계 과정을 활성화하기 어려워, 다른 것으로 대체하려는 움직임이 등장했습니다.

　대체식품이 기후변화 대응을 위한 탄소 배출 감축과 맞물려 주목받고 있습니다. 2012년 영국 존무어대학의 위킨슨 교수는 2억 4,500만 년 전 중생대의 지구 온도가 약 10℃ 상승한 원인으로 공룡의 방귀를 꼽았습니다. 실제로 동물의 방귀나 트림에서 나오는 메탄가스는 이산화탄소 이상으로 온난화를 가속화하는 것으로 알려져 있습니다.

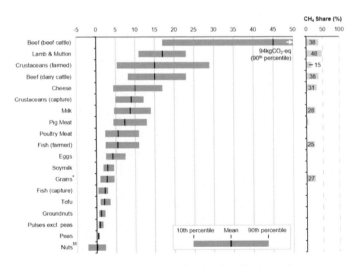

단백질 100g당 배출되는 이산화탄소의 양 (출처: IPCC)

IPCC의 보고서를 참조하면 축산에서는 소가 배출하는 이산화탄소가 가장 많습니다. 소 한 마리가 1년간 내뿜는 이산화탄소는 소형차 1대의 배출량과 비슷한 것으로 집계됐다는 결과도 있죠. 만약 소를 기르지 않고 소고기와 유사한 식감과 맛을 재현하여 대체할 수 있다면 환경보호에 일조할 수 있겠죠. 영국 배양육 기업 '잇 저스트 Eat Just'의 CEO 조시 테트릭은 BBC와의 인터뷰에서 위생적이고 안전하며 지속가능한 방법으로 육류를 생산할 수 있으며, 기존 축산업보다 탄소 배출량과 물·토지 사용량을 95% 가까이 줄일 수 있다고 말했습니다.

대체식품은 대두나 완두에 섬유질과 오일 등을 배합하는 식물성단백질 대체육과 동물 조직에서 줄기세포를 추출한 뒤 세포를 분화·증식시켜 얻는 동물세포추출 배양육 등이 대표적입니다. 제 전작 《알아야 보인다》에서 대체육에 대해 자세히 언급한 바 있으니, 여기서는 발전 동향에 대해 간단히 소개해보겠습니다.

신세계푸드는 2022년 7월 대체육 '베러미트'를 선보였습니다. 베러미트는 SK텔레콤, SK하이닉스 등 기업 구내식당과 스타벅스에 자체 개발한 돼지고기 대체육 슬라이스 햄을 납품하고 있으며, 세포 배양 기술로 연어육을 생산한 미국 '와일드타입 Wildtype'은 SK로부터 100억 원의 투자를 받았습니다. CJ는 2025년까지 2,000억 원의 매출을 낸다는 목표로 식물성 식품 전문 브랜드 '플랜테이블'을 출시하고 떡갈비와 스테이크 등을 선보였습니다.

공기 단백질 제품도 있습니다. 공기 단백질 기술의 원조는 1960년대 NASA의 우주비행사 식품 조달 시스템 연구에서 시작되었습니다. 당시 우선적으로 검토한 것은 수직 농장과 식용 잉크를 활용한 3D 프

린팅이었습니다. 지금은 완성
된 기술이지만, 당시 NASA는
장고 끝에 비현실적이란 결론
을 내렸죠. 다음으로 검토한 것
이 수소를 에너지원으로 삼는
영양박테리아입니다. 특정 미
생물이 이산화탄소를 먹고 단
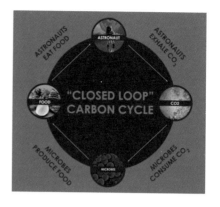
백질을 토해내는 것을 발견한 NASA는 이를 이용하면 우주에서도 식
품용 단백질을 자급할 수 있다는 결론을 내렸습니다. 우주비행사들
이 날숨을 통해 배출하는 이산화탄소를 현장에서 곧바로 단백질로 전
환해주는 식품 자급시스템을 구축하자는 거였죠. 지금은 미생물이 들
어 있는 생물반응기에 가스와 소량의 다른 영양성분을 주입하면 미생
물이 단백질과 탄수화물과 지방 등을 토해냅니다. 이것을 건조해 분
말로 만든 후 식품으로 재가공하는 거죠. 지금은 직접 공기 포집 DAC,
Direct Air Capture 기술과 응용하려는 움직임도 보입니다. 대기 중의 이산
화탄소를 포집하여 이를 미생물에게 제공해 배양하려는 것입니다. 우
주산업 기술이 환경보호에 이어 애그테크와도 연계되는 모습이 경이
롭지 않나요?

2023년 초에 개막한 'CES 2023' 행사에서는 미국의 기업 '퍼펙트데
이 Perfect Day'가 대체 우유로 제작한 아이스크림이 큰 이슈가 되기도
했습니다. 이 역시 젖소에서 추출한 단백질 생성 유전자를 미생물에
넣고 유기화합물을 발효시켜 가루 형태의 인공 유청 단백질을 제조하
는 방식으로 제작한 제품입니다.

2023년 8월 코엑스에서 열린 제1회 '농식품 테크 스타트업 창업 박람회 AFRO 2023 '에서는 한국 농식품 산업을 발전시키고 세계로 나아갈 농식품 스타트업의 기술이 한자리에 모였습니다. 여기서 녹두·대두·단호박으로 만들어진 계란이 등장했습니다. '스위트에그'라고 불리는 이 대체 달걀의 단백질량은 일반 달걀과 6g으로 같지만, 칼로리는 약 35㎉ 낮으며 콜레스테롤은 아예 없습니다. 맛과 식감을 유지한 채 장점만 남기고 단점은 줄인 거죠. 스위트에그는 비건의 수요층을 넘어서 달걀 알레르기가 있는 사람들까지 섭취하도록 하는 것을 목표로 삼고 있습니다. 소시지 모양을 한 돼지고기 배양육을 선보인 '스페이스에프'도 참가했습니다. 아직 식약청의 허가가 나오지 않아 시식 코너는 없었지만, 줄기세포로 비엔나 소시지 하나를 만드는 데 소비되는 시간은 일반 돼지 한 마리를 키우는 시간의 고작 10분의 1에 불과하다고 합니다.

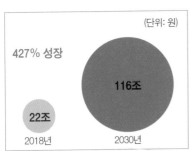

전 세계 대체육 시장 규모 (출처: CFRA)

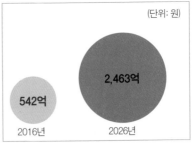

국내 식물 단백질 기반 대체식품 시징 규모
(출처: 한국농촌경제연구원)

대체식품의 성장세는 매우 가파릅니다. 한국농촌경제연구원은 식물단백질 기반 식품이 2016년에서 2026년까지 약 5배 성장할 것이라고 예상했고, 미국 리서치 업체 CFRA 역시 세계 대체육 시장이 2018년 22조 규모이던 것이 2030년에는 116조로 약 5배 성장할 것이라고 예측했습니다.

다만 단점도 존재합니다. 계속 발전하고는 있지만 아직은 맛과 식감에서 원본을 이길 수 없다는 점이죠. 전 세계가 식량 위기를 언급하고 있지만, 그래도 아직은 돈만 있다면 상점이나 식당에서 원하는 음식을 먹을 수 있습니다. 선택권이 있다면 굳이 대체식품에 손이 가지 않는 거죠. 맛이 월등하다거나, 미용·치료·다이어트 등 무언가 특별한 효능이 있다거나, 값이 상대적으로 월등히 저렴하다거나 하는 장점이 필요할 것 같습니다. 줄기세포를 분화하는 배양육은 대체식품보다 맛과 식감이 훨씬 뛰어나다는 장점은 있지만, 가격이 매우 비쌉니다. 일반 돼지고기보다 5배 가까이 된다고 하니 가격 절감이 상용화의 가장 큰 걸림돌이라고 할 수 있습니다.

또 다른 단점은 허가받기가 쉽지 않다는 점입니다. 현재 대체육·공기육·배양육의 시판을 모두 허용한 나라는 싱가포르가 유일합니다. 배경을 살펴보면 싱가포르는 식품의 90% 이상을 수입에 의존하기에 식량 안보를 위해 대체육 제품의 수용에 매우 적극적입니다. 꼼꼼한 검사를 통해 우리 몸에 문제가 없다고 판단되면 적극 수용하는 모양새입니다. 다른 나라도 서서히 받아들이는 분위기입니다. 2022년 미국 식품의약국 FDA 은 11월 닭의 세포를 인공적으로 배양해 만든 고기를 인간이 섭취해도 좋다는 결론을 내렸습니다. 물론 아직 농무부의 승인 절차가 남아 있지만, 시판을 위한 큰 관문을 하나 넘었다는 평가를 받고 있습니다.

우리나라의 경우, 모든 가공식품은 식품위생법에 의거한 원료로만 제조가 가능하기에, 배양육 등과 같은 신소재는 기술을 개발하더라도 이를 제품화할 수 있는 법적 근거가 없었습니다. 다만 2023년에 개정된 식품위생법 시행규칙이 입법되어 개선을 시도하고 있습니다. 근거가 마련되었기에 안전성 평가 체계도 나올 것이고, 엄정한 심사를 거치면 시장을 통해 우리 식탁에도 오를 수 있겠죠.

이처럼 지금은 다양한 대체식품이 등장하고 있습니다. 그리고 언젠가 캡슐커피 머신처럼 일반 가정에서 AI와 결합한 3D 프린터로, 내가 원하는 맛·모양·영양 등의 조건을 충족하는 요리를 생성하여 먹는 세상이 올지도 모릅니다. 무엇보다 대체식품 역시 실내 농업처럼 현지 농가에서 할 필요 없이 건물 안에서 제조가 가능하기에 도심 인프라를 그대로 만끽하면서 환경보호와 식량 안보에 일조할 수 있죠. ESG를 추구하며 모두와 함께 지속 가능한 성장을 지향하고 있습니다.

생존을 위한 밥상

농수산식품부는 2023년 업무추진계획에서 국내 식량자급률을 2027년까지 55.5%로 끌어올린다는 목표를 세웠습니다. 애그테크 투자와 기술 발전을 통해 반드시 이뤄야 할 목표라고 할 수 있습니다.

전쟁과 같은 특별한 사건보다는 기후재앙이야말로 공급량과 관련 산업에 중대한 영향을 미치는 식량 안보의 핵심변수입니다. IPCC 6차 보고서를 참조하면 가장 희망적인 시나리오조차 폭염과 가뭄의 발생빈도가 2050년까지 지금보다 각각 46%, 18% 증가할 것으로 전망하고 있습니다. 또한, 기후재앙이 전 세계 농업 생산성을 약 70% 정도 저하시킬 수 있다는 연구 결과도 있습니다.

IPCC 보고서를 통해 우리는 이미 미래를 알고 있습니다. 2050년까지 세계가 모두 합심하여 설령 탄소중립을 달성한다고 해도, 그사이 상당한 온도가 올랐을 것이고, 국가적 배급 불균형은 더욱 심화될 것이며, 생물다양성은 심각하게 줄어들었을 겁니다. 그나마 이것이 보고서가 제시한 최선의 결과입니다. 이미 벌여놓은 판이 너무나 커서, 차악이 최선이라는 말입니다. 만약 탄소중립을 달성하지 못한 최악의 경우라면 어떻게 될까요?

20년, 30년 후라는 단어는 머리로는 알아도 가슴으로는 잘 와닿지 않는 시간입니다. 하지만 분명히 그때는 옵니다. 이제 인류는 이념이 아닌 생존을 위한 밥상 때문에 전쟁을 일으킬지도 모릅니다. 재생에너지가 궤도에 오른다고 해도 기후재앙을 완화할 뿐이지, 식량 위기의 해결에 도달하기에는 여전히 먼 이야기입니다. 우리는 최악이 오지 않도록 노력하고, 차악에 적응할 각오를 해야 합니다. 하루 한 끼가 당연한 세상이 도래할지도 모르니까요.

유엔은 세계 인구가 2050년 약 95억 명까지 늘어날 것으로 전망했습니다. 이대로라면 식량 수요가 급격히 늘어날 것이고, 농업 생산량의 대폭 증대가 불가피합니다. 반면 농업에 종사하길 원하는 인력은 꾸준히 감소할 것이고, 농경지도 기후재앙으로 인해 줄어들 전망이라 농산물 가격은 계속 상승할 것입니다. 우리는 여기서 세 가지 방향을 고려해볼 수 있습니다.

생산량 증대   생산성 증대   낭비 줄이기

　비료 등으로 생산량을 더욱 끌어올리는 것도 하나의 방법이 되겠지만, 이는 환경에 부하를 주기에 기후재앙을 가속하는 악순환의 고리에 빠질 수 있습니다. 다음으로는 생산성 증대입니다. 앞서 언급했던 종자 개량이나 스마트팜, 실내수직농장 등의 방법이 있겠죠. 1차 산업이라고 무시당하던 농업이 2차·3차·4차 산업과 융복합이 진행되고 있는 것입니다. 이제 농업에 대한 색안경을 벗을 때입니다. 농학은 국제정세 속에서 식량주권을 지키고 이산화탄소 배출을 줄여 기후재앙을 막는 최우선 학문으로 떠올랐습니다. 인류의 지속 가능성을 위한 가장 중요한 분야 중 하나가 되었죠. 다만 고도화된 기술과 많은 투자가 요구됩니다.

　마지막은 낭비를 줄이는 것입니다. 남재작 한국정밀농업연구소장은 농장에서 생산된 농산물이 우리 입으로 들어오기까지 약 30% 정도가 폐기된다고 말했습니다. 유통 과정에서 15% 정도가 폐기되고, 가정에서 15% 정도가 폐기된다는 거죠. 만약 지금의 구조를 개선해서 폐기되는 양을 줄일 수 있다면, 30%를 추가 생산하는 것과 동일한 효과를 누리게 되는 셈입니다.

농지에서 도매상이나 소매상으로 운반되는 과정에 창고나 운송시설의 문제로 폐기되는 양이 적지 않습니다. 가정에서도 먹다 남은 음식물 쓰레기로 많은 양이 폐기되고 있죠. 운반 과정은 소규모 지원으로도 개선할 수 있고, 가정에서의 낭비는 캠페인이나 식단 교체 등으로 해결할 수 있습니다.

IPCC는 기후재앙에 대비하기 위해 우리 같은 일반인의 적극적인 참여를 독려하고 있습니다. 정말 작아서 눈에 보이는 변화도 없고, 아주 점진적으로 진행되기에 실감도 나지 않습니다. 하지만 분명히 변화하고 있다는 건 이미 과학적으로 증명되어 있습니다. 정말 소소하고 거창하지 않은 노력이 모여 큰 변화를 일으킬 수 있습니다. 이 변화를 위한 노력에 여러분 모두가 꼭 함께했으면 좋겠습니다.

본 저서의 표와 그래프를 제외한 대부분의 그림은 ChatGPT
에 내장된 Dall-e3로 제작하였습니다. 여러분께서는 아래 그
림처럼 GPT-4 화면에서 "다음 그림 그려줘. ( )"라고 입력하
시고 괄호 부분에 원하시는 그림을 잘 묘사하시면 충분합니
다. 다만, '생성'이기 때문에 저서의 프롬프트를 그대로 입력
한다고 해도 100% 동일한 그림이 나오지는 않고, 어느 정도
유사한 그림이 나옴을 참고하시길 바랍니다. 부록의 프롬프
트를 참조하여 여러분들도 자유롭게 생성해보시고 '창의적
인 실패작'도 기대해보시길 바랍니다.

부록

생성 이미지
프롬프트

1장

15p 세계 화폐 돈다발

Animation style illustration of a top-down view where various paper currencies from around the world are scattered and piled up. The image is in a 4:3 ratio, showcasing the diversity and colors of different nations' banknotes without any coins.

26p BTS 초청 캐릭터

Cartoon caricature of a jubilant Mexican person holding up a sign, with a speech bubble that says, 'If I become president, I invite BTS.'. The individual is depicted in a cheerful and confident manner against a neutral backdrop.

32p 너 '진짜'구나

Comic-style close-up shot of a thumbs-up. Directly above, a speech bubble conveys the message 'You're "real"'.

2장

50p 마기꾼

Illustration in Japanese animation style where on the left, a man is wearing a virus prevention mask. On the right, the same man is depicted without a mask, and his face has prominent nose hairs and a scruffy beard.

57p 등록금과 비대면 업무 시위

Illustration of diverse employees, both male and female, from various descents, marching together on a city street. They are holding placards that read 'Remote Work Now!' and 'Flexibility for All!', expressing their demand for a flexible working environment.

58p 검은 옷의 신사

Black-and-white pencil painting style, light coming down from above, man in tuxedo, smiling palely, looking down.

3장

64p 인간과 AI의 만남

Detailed Unreal Engine scene representing a human standing face-to-face with an advanced AI robot, engaged in a conversation. The environment is lush with realistic shadows and highlights.

68p 상황극

Draw the next picture, "a simple illustration, a conversation between a pleasant man and woman doing a skit."

72p 대중 앞에서 프리젠테이션하는 신사

Draw the next picture, "Simple illustration, a man in a suit who presents in public."

73p 핸드폰 앱(좌측)

Draw the following picture, "Simple illustration, an icon representing a smartphone in the center and several different functions surrounding it."

73p 플러그 인(우측)

Draw the following picture, "Simple illustration, an icon representing a plug-in robot model in the center and several different functions surrounding it."

74p TV를 시청하는 두 남자

Two fat men in a dark room, watching TV on the left, one pointing at the TV with his hand. an animated cartoon.

79p 컴퓨터 로봇

Draw me the next picture, "Simple emoticon, 1 AI robot computing."

102p 시위하는 남학생(좌측)

Boys Protesting in the Street, Animated Cartoon.

102p 시위하는 여학생(우측)

Girls Demonstrating with Palm Flat in Street, Animated Cartoon.

103, 104p 번역하는 교수

Draw the next picture, "Illustration, the profile of a male professor studying hard while reading books piled up on his desk in a small room."

103, 104p 컴퓨터 모니터 앞의 학생

Draw the next picture, "Illustration, a male student who is happy to finish a task quickly against the background of a monitor in front of a person."

106p 농업 엔지니어

Illustration of a male agricultural engineer of Asian descent, operating a drone using a remote control in a high-tech greenhouse. The plants below are equipped with sensors and automated watering systems.

106p 건축 엔지니어

Illustration of an architectural engineer of Asian descent, with a pencil behind his ear, standing on a rooftop, observing the completed modern skyscraper before him. Drones are flying around, capturing different angles of the building.

106p 의료 엔지니어

Illustration of a female medical engineer of Asian descent, wearing safety goggles and a lab coat, working diligently on a cutting-edge medical device in a high-tech laboratory. Various screens around her display detailed diagnostics and device statistics.

106p AI 엔지니어

Illustration of a female AI engineer of Asian descent, seated at a sophisticated computer setup, working on AI applications. Multiple screens display AI analytics, graphs, and 3D models, showcasing the capabilities of the AI she's developing.

4장

114p AI(정신)

Unreal Engine, a pale-faced blue spirit situated amid a blue and black wind.

<u>114p</u> 로봇(육체)

Draw the next picture. Unreal engine, side face of humanoid.

5장

<u>144p</u> 미래 경부고속도로 예상도

Create a wide-angled, cross-sectional, hyper-realistic image with a horizontal orientation. In the sky, depict drones flying. On the surface, there should be a sunny park with a lake and people enjoying a walk. On the first subterranean level, show a department store with people shopping. The second underground level should feature a highway with cars and humanoid robots instead of people. On the third subterranean level, include humanoid robots and container boxes.

<u>149p</u> 가상과 현실의 병행

High-quality Unreal Engine render, in the style of a 'Face/Off' movie poster where the left side shows a realistic human face representing reality, and the right side depicts a face from the virtual world with digital features.

6장

<u>157p</u> 황금으로 거래하는 중국인(좌측)

Chinese ink painting portraying a market setting, where a man with a noticeable belly and avaricious face clutches a golden sack as he buys goods.

<u>157p</u> 지폐를 세는 신사(우측)

High-definition realistic portrayal with bold color palette and sharp lines, illustrating a man dressed in a pristine suit tallying paper bills with a grand bank edifice as the backdrop.

<u>164p</u> 비트코인으로 피자 구매

Artwork inspired by early expressionism, bold and energetic strokes, depicting a man at a pizza store buying pizza with Bitcoin.

172p 환희와 절망

Artistic representation with lavish Art Nouveau elements, a bisected composition with the left in vibrant orange presenting a jubilant man and the right in deep blue illustrating a despondent man.

183p 저울

A scale with even heavier weights on both ends, causing it to break under the strain. The scale is extremely tilted, with the ends now touching the ground, and a visible crack or break in its structure due to the excessive weight. The weights are oversized and metallic, emphasizing their heaviness. The background remains neutral to keep the focus on the dramatic scene of the breaking scale, which highlights the extreme pressure and imbalance caused by the weights.

7장

206p 귀찮아 하는 남자

A man with a grimacing face showing annoyance, extending his palm forward towards the viewer, set against a dark background blending red and black colors. The painting is in impasto style with thick, textured oil paint strokes, capturing the intense expression and the dramatic contrast of the backdrop.

215p 사막에서 물을 마시는 남자

Impasto oil painting capturing the intensity of a blazing desert. In the midst of the vast sandy expanse, an Egyptian individual, male of middle-eastern descent, dons a turban and sunglasses. He quenches his thirst by sipping water from a cup, the thick brushstrokes highlighting the shimmering heat and the cool relief of the drink.

216p 달궈지는 지구

High-quality depiction in Unreal Engine, taking cues from the Fauvist art movement. A surreal Earth, bursting with exaggerated colors, is being tapped by a whimsical AI entity. The water and electricity flowing towards the AI are rendered in bright, non-naturalistic hues, capturing the emotional intensity and wildness of Fauvism.

217p 녹아내리는 땅 위의 절망

Render in the style of Unreal Engine capturing an even more intense and dramatic scene. The majority of the land appears to be melting away. On the last small chunk of solid ground, people of diverse descent and gender, in a heightened state of panic, are tightly crowded together. Their faces and postures exude extreme desperation as they frantically try to balance and avoid falling into the vast surrounding sea.

218p 강의하는 곰

Anime illustration, Mr. Bear lecturing students in front of the auditorium, pointing to a white board with a baton in his hand, wearing a neat suit.

221p 명분과 실리

An artwork that delineates two distinct narratives. The left, adorned with Art Nouveau's ornate detailing, brings forth a vision of Earth's revitalization, where intertwined nature and artistry speak of ecological rebirth. The right, rendered in Unreal Engine's crisp visuals, highlights a corporation's ascent, with architectural marvels, advanced technology, and icons representing financial success.

8장

229p 토마토 운송트럭 절도

In the fashion of a children's tale book illustration, a sunny day is portrayed. The scene is centered around a truck full of tomatoes that has vanished. From the left side, an Indian man wearing a turban appears, his eyes welled up with tears, distraught over the missing vehicle. Telltale tire tracks on the ground provide a clue to the crime.

232p 식량의 무기화

High-quality illustration in the Baroque style reminiscent of Caravaggio, portraying a dystopian scene. The world is filled with despairing individual.

236p 실내 농업

High-quality render in the style of Unreal Engine showing a detailed cross-section of a modern building. On the left, drones hover over indoor farmlands, monitoring and aiding the growth of diverse crops. On the right, several researchers, both male and female of various descent, clad in white lab coats, work diligently on state-of-the-art computers, analyzing data related to the crops.

247p 모두의 노력

A hyper-realistic wide ratio campaign poster designed to encourage everyone's participation. The poster features a diverse group of individuals from various backgrounds, all reaching out towards the center, symbolizing unity and collective effort. The central image is a vibrant globe, representing the world, with the text 'The Earth wants your help' emblazoned across it in bold, inspiring font. The overall composition conveys a message of inclusivity and the importance of each individual's contribution.